鞭辟入里经济学

中国改革年代的新思维

赵红军 著

Incisive Economics

Economics of Chinese Reform and Reality

北京大学出版社
PEKING UNIVERSITY PRESS

图书在版编目(CIP)数据

鞭辟入里经济学:中国改革年代的新思维/赵红军著.—北京:北京大学出版社,2016.3

ISBN 978-7-301-26908-4

Ⅰ.①鞭…　Ⅱ.①赵…　Ⅲ.①中国经济—通俗读物　Ⅳ.①F12-49

中国版本图书馆CIP数据核字(2016)第022109号

书　　名　鞭辟入里经济学——中国改革年代的新思维
Bianpi-ruli Jingjixue

著作责任者　赵红军　著

责任编辑　杨丽明　朱　彦

标准书号　ISBN 978-7-301-26908-4

出版发行　北京大学出版社

地　　址　北京市海淀区成府路205号　100871

网　　址　http://www.pup.cn

电子信箱　sdyy_2005@126.com

新浪微博　@北京大学出版社

电　　话　邮购部62752015　发行部62750672　编辑部021-62071998

印 刷 者　三河市博文印刷有限公司

经 销 者　新华书店

965毫米×1300毫米　16开本　14.25印张　198千字

2016年3月第1版　2016年3月第1次印刷

定　　价　36.00元

序

中国社会大转型与新一代经济学人的崛起

韦森

1978 年以来,中国经历了三十多年的经济与社会改革。这场以对内引入和发育市场与对外开放为主轴的改革,不但引发了中国经济三十多年的高速增长,也带来了当今中国的社会运作方式、人们交往形式和生存方式乃至思想认识和文化观念的巨大变化。整体而言,中国社会已经市场化了。由于在当今中国经济社会的运作中,政府不但没有从经济运行中"脱嵌"出来,反而用市场化的运作方式来调控、干预、参与并驾驭市场,从而产生了卡尔·博兰尼在 20 世纪 40 年代就观察到的一个看似悖谬的奇特现象:在现代社会中,"与经济嵌入社会关系相反,社会关系被嵌入经济体系之中"了。由此,我们也可以认为,当今中国正在逐渐演变生成这样一种非常独特的经济社会运作体制:一方面,"政府统御市场";另一方面,"整个社会运行又从属于市场"。从这种意义上说,目前中国的经济社会体制可能比 20 世纪 40 年代的西方各国更具有博兰尼所描述的那种"嵌入性"经济社会体制的典型特征。

当然,恐怕任何人也无法否认,目前中国的这种体制还只是一种"转型体制",一种"过渡体制",还不是一种稳定成形的"中国模式"。中国政府领导人和执政党一再坚持说要深化改革,尤其是政治体制改革,这足以说明当今中国社会仍然处于大转型的"现在进行式"。当代中国,需要选择自己未来的发展道路,需要走向一个良序的、法治民主的现代市场经济社会,这应该说正在成为社会各界的大致共识。

中国社会大转型,这种由传统社会的小农自然经济以及在此之上构建起来的计划经济向现代工业化、城市化乃至网络信息化的现代市场经济的转变,实际上也正在重构当今中国社会。改革开放以来,中国经济高速增长,人民生活水平提高,生活方式转变,乃至社会财富占有和社会收入分配差距拉大,自然会导致由传统中国社会以及过去计划经济时代体制遗传下来的经济、政治、社会、文化等领域的社会关系的调整甚至错位,并且带来人们的思想认识、价值判断乃至文化观念上潜移默化的改变。在已经市场化了的中国,绝大多数中国人,包括政府的领导和普通公务人员,都不同程度地参与市场交换、市场运行,或至少通过市场购买来消费和生存。这样,市场运行中的每一种变化,以及政府对市场运行调控的每项政策和措施,都会触及诸多人的利益,也自然会引起许多人的评价和议论。尤其是在目前经济全球化的国际背景下已经在相当程度上开放了的中国,手机的普及、互联网及网络技术的广泛应用、博客尤其是微博、微信的迅猛发展,使得任何一个经济、社会、政治、司法、文化乃至消费事件,都会在全国大面积即时传播,并自然会招来各种各样的议论。在此情况下,有着数千年文明史的中国社会,确实正面临着前所未遇的大变局。

在这个中国经济社会的大转型或言走向尚未十分明朗的大变局之中,尤其是在这种业已演变生成的"强势政府统御市场与社会"的体制格局中,任何人都难以预测乃至规划中国经济社会的未来走向,以及进行整个社会体制的"顶层设计"。另一方面,每一个中国人,面临着个人和家庭、企业或单位的日常选择,都要对周边所闻所见,尤其是与自己利益攸关的事情和事件作出自己的应对和评判,也自然会对未来中国当走之路提出各种各样的意见和评论。在这样一个社会格局中,如何判断身边的每一件事情?这种种现实世界的日常事务怎样与未来中国社会的发展道路连接在一起?经济学人又应该如何从现代经济学的理论视角对现实世界的种种现象和问题进行理论分析?如何给予评判?

这部文集,给出了"文化大革命"后成长起来且受现代经济学教育的新一代中国经济学人对现实世界的一些日常事务的理论解释。这无疑是赵红军教授的一家之言。他的议论,他的这些在个人繁忙的经济学理论探讨中对现实世界的一些真实事件和问题所观察和说出的一些“闲话”,是否言之成理?是否正确?你是否同意?那要留待每位读者去品味、判断。但是,作为一位熟知红军的经济学分析理路——且从某种程度上说,是在这些年看着红军在中国经济学的发展中成长起来的一个年长一点儿的朋友,我可以这样说:红军,作为一名已进入经济学思考阶段的经济学博士和大学经济学教授,经济学思考已经变成了他自己生命的一部分——乃至最主要的部分;经济学,已经成了他的一种生活方式。

记得我1982年从国内一所大学毕业,刚找到一家研究机构的职位时,曾说过这样一句年轻气盛的话:“马克思说,资本家是资本的人格化。现在看来,经济学人当是经济学的人格化。”今天,当愉悦地读红军的这部《鞭辟入里经济学》中的篇篇短论时,我似乎又记起自己还年轻稚嫩时的“豪言壮语”。这部文集中所汇集的红军篇篇平朴、扎实而充满思想和洞识的经济学短论,不就是让我们确认“经济学人当是经济学的人格化”这一点吗?

为此,我诚挚地向广大读者——不管你学没学过经济学——推荐赵红军教授的这本经济学随笔集。

是为序。

韦　森

2015年10月19日谨识于复旦大学

前言

德国著名诗人歌德在歌剧《浮士德》中有一句非常有名的话:“亲爱的朋友,一切理论都是灰色的,唯生命之树长青。”这句话尽管是魔鬼墨菲斯特·费勒丝为了欺骗浮士德而说的一句话,但它告诉人们一个朴实无华的道理——无论我们用什么样的理论来解释现实,现实都必定是最鲜活、最真实的。也许有人在听到这句话后会趁机揶揄经济学,既然现实总是最鲜活、最真实的,而经济学理论一般与现实都有一定距离,那经济学研究对于现实问题还有什么解释力?更有一则经济学笑话干脆拿经济学家开涮——“什么是经济学家?就是能够解释别人为什么发财,但自己却永远不能发财的人。”其实,魔鬼墨菲斯特·费勒丝说的这个道理全然无错,而恰恰是人们没有正确地理解它。很多人对经济学的如上误解以及这个有关经济学家的笑话恰恰就印证了我的这一基本判断。

经济学是一门什么样的学问?其实,它自从诞生的那天起就是一门经世致用的学问。经济学的最初英文为“oeconomics”,原意是家庭管理或者内务管理,是古希腊经济学家色诺芬在其名著《经济论》中提出的。他认为,经济学“可以包括对资源管理的一般原理的研究,不管这种资源管理是个人的、家庭的、企业的还是国家的,还包括对一切管理中发生的浪费现象的检查”①。古希腊另一位著名的政治哲学家亚里士多德也认为,经济学就是一种家庭管理或者谋生术,“取得生活所必要的并且对家庭和国家有用的具有使用价值的物品”。这意味着,

① Philip Henry Wicksteed, Lionel Robbins, Baron Robbins, The Common Sense of Political Economy, New York: Augustus M. Kelly, 1965, p. 17.

古希腊时的“经济学”一词不仅指的是家长对于家庭内部事务的管理艺术，而且包括对企业、对国家、对资源和政策的管理。

在中国古代汉语中，也有基本类似的说法。比如，“经济”一词最早见于《周易》，但当时是分开使用的，“经”通“径”，称为“阡陌”；“济”通“渡”，意味着“渡水”。由此看来，当时所谓的“经济”分别指代的是田地和渡水两层意思。直至隋代王通的《中说》“礼乐篇”中，“经”“济”才首次连在一起使用，主要的意思也同样是指“经邦济世”“经国济民”，也就是管理国家、帮助或管理老百姓。

到了近代，尽管“经济学”一词的含义随着时代的变迁而有所变化，但经世致用这一点却一直传承了下来。比如，在经济学鼻祖亚当·斯密那里，所谓的“经济学”一词主要是指国家包括民众的收入或生计，也就是广义而言的财富如何增加的学问。到了第二代经济学大师阿里弗雷德·马歇尔那里，“经济学”仍是一门研究财富的学问，但除此之外也是一门“研究在日常生活事务中过活、活动和思考的人们的学问”[①]。在其1890年的《经济学原理》这一名著中，马歇尔强调说，经济学不仅要研究人的生活，而且这种生活“是一个真实的人的生活，而不是虚构的人的生活”[②]。他认为，经济学的目的，第一是为了知识而求知识，也就是我们今天所说的“理论研究”；第二是解释实际发生的问题。他鼓励理论研究和事实研究相结合。在讲到现实生活中的实际问题对于经济学家的作用时，他说：“实际问题虽然不完全是经济学的（研究）范围之内，但对于经济学的工作却暗中提供一种主要的推动力。”[③]这说明，尽管经济学研究可以称为“为了知识而求知识”的理论研究，但它如果不能解释实际发生的经济、社会现象，不能为现实提供任何的行为或政策指导，经济学恐怕就要失去其存在的意义了。

马歇尔以后，经济学的研究取得了十分迅猛的发展，具体表现在：

第一，经济学研究的分工日益精细化，研究成果大量涌现。比如，1870年后，以杰文斯、门戈尔、威塞尔等为代表的边际学派主要专注于

---

① 〔英〕马歇尔：《经济学原理》，朱志泰译，商务印书馆1997年版，第34页。

② 同上书，第46页。

③ 同上书，第60页。

研究个人消费、交换层面的效用理论;1875 年以后,以瓦尔拉斯、里昂惕夫、冯·诺依曼、摩根斯坦、希克斯等为代表的数理经济学派主要在一般均衡理论的数理化研究方面取得了较大进展;20 世纪 60 至 70 年代以后,新制度经济学、信息经济学、博弈论等相继诞生;20 世纪 90 年代以后,新经济地理学、空间经济学、新贸易理论等研究也取得了重大进展。这些经济学的进展说明,正是经济学的分工与专业化,使经济学家将注意力放在小的领域,研究工具的运用更加专业化,结果经济学研究才取得了飞速的发展。

第二,由于经济和社会的不断发展,经济现象变得日益复杂,因而经济学研究中对于数学、博弈论、计量等工具的运用也日渐增多。这种趋势对于经济学的研究带来了正反两方面的影响:

一方面,由于数学、博弈论、计量工具等方法的运用,经济学家对于原先难以清楚把握的问题有了新的认识。比如,博弈论的应用使得经济学家对于企业或者其他组织、国家的战略互动行为、策略性行为产生了深刻的认识。

另一方面,随着这种趋势的普及,经济学似乎有了越来越远离经济学最初强调政策、指导现实和实际经济问题的倾向。美国制度主义经济学和奥地利经济学派的经济学家就批评说,社会科学研究人类行为的特征决定了精确数学公式与证明的脆弱性所在。[①] 此外,经济学与可重复试验的物理学和自然科学之间没有什么可比性,毕竟经济学家所收集到的数据是预先决定的或者预先设计好的,因此是否能直接用于检验也是个问题。另外,对世界上的很多国家而言,大多数的经济数据都是由政府的代理机构出于政治原因而不一定是有针对性的目的而收集的。[②] 因此,这种数据的性质对于计量分析工具的使用等就提出了很大的挑战。

我认为,经济学自从诞生的那天起,就具有一种经世济民、关注现实经济问题的先天情怀,并且随着时代的延续,这种情怀并没有消失。

---

① 参见〔美〕小罗伯特·B. 埃克伦德、罗伯特·F. 赫伯特:《经济理论与方法史》(第四版),杨玉生等译,中国人民大学出版社 2001 年版,第 487 页。

② 同上。

经济学家、经济学专业的学生、普通大众所看到的经济学家那些越来越重视数理化、实证化、复杂化的学术成果,只不过是一种表象,因为这些高深的学术成果、专业化的研究恰恰表明了一个事实,那就是经济学的研究已越来越专业化和精细化了。毕竟在当今这个非常复杂的世界上,如果经济学家不坚持“学术有分工,术业有专攻”这一分工和专业化原则,那么穷其一生,他们可能也研究不出什么新的或者更加深刻的东西来。此外,经济学的初学者、白领、工人、新闻工作者以及社会大众也必须清楚,经济学家出版、发表的著作、文章中那些比较专业化、比较高深的内容都是给他们同行而不是普通大众看的。他们之所以那样做,目的大致有两个:一个是通过这种专业化、高深和精细化的工作,促进学术交流,促进经济学以及经济学教育在某一专业化领域的进步与发展;另一个就是通过这些学术成果,奠定他们在这一学术领域的地位和声誉。换句话说,经济学家所发表的这些学术著作、文章可能恰恰就是经济学研究中的“阳春白雪”,而普通大众想看的、能够读懂的经济学则是经济学关注现实、联系实际的那部分大白话、大实话。可惜的是,在两部分之间,目前无论是国内还是国外都还存在着一个相当大的鸿沟。

究其原因,主要有两方面:一是目前国内外的经济学家绝大多数是科班出身,是由具有较少实践经验的经济学家队伍组成的,他们的强项在于理论和学术研究,而这些理论和学术研究对于他们的职业生涯又是如此重要。在功成名就之前,他们只有较少的时间和精力去从事经济学研究的通俗化工作,所以普通大众看到这些通俗化作品的机会就相对较少。二是从“阳春白雪”到通俗化之间还的确存在着一个比较大的跨越。那些强于经济学理论研究的人士,如果没有相当的社会与现实经验作为支撑,还的确面临着难以将自己的作品通俗化的障碍。对于这样的工作,也许只有那些具有较丰富经济和社会经验,同时又比较熟悉经济学理论研究前沿,此外还必须有意愿与精力的经济学家才能完成。

我虽不才,但愿意从事这样的通俗化工作。在此,先讲述一下我能够胜任这一工作的几个必要条件:

首先,我具有从事这一工作的基本经验和理论储备条件。我生于20世纪70年代,是典型的"70后"。我上小学是在"文化大革命"结束的1977年,上中学的年代是改革开放已经风起云涌、改革如火如荼进行的20世纪80年代,上大学的年代是中国城市和企业改革、外汇体制和外贸体制改革相继展开的20世纪90年代。1993年毕业后,我带着对经济改革的美好憧憬,带着多年累积的对财富的饥渴,冲进了火热的现实之中。在五年的工作中,我曾经是国有外贸企业的外销员,亲自做过外销员兼验货员、商检员、运输员的基层工作,还曾经由于公司的巨额亏损而在两年内领不到一分钱工资,所以曾贩卖过白色的面粉、灰色的水泥、红色的辣椒和绿色的苹果等农副产品以维持生存。在这个过程中,我不仅见过狡猾的商贩、精明的行政人员、老奸巨猾的官员、朴实的老百姓,而且通过多年在基层的打拼,逐渐认清了自我。我发现,我是一个有理想、有追求、有想法,不安于现状的人。1998年,在工作了五年之后,我毅然决定放弃工作,拿起了多年没有碰过的书本。1999年,我开始了自己的经济学专业研究生生涯。用比较振奋的话说,我主动放弃了优厚的待遇,去追求自己的理想。而用咱老百姓自己的话说,则是我读研究生乃是没有办法的办法。就这样,1999—2002年,我坚持脱产读研究生,假期就拿起自己经商时积累的经验,替一家外资企业打零工,从事销售管理工作。再后来,我开始到复旦大学读经济学博士。接下来,我到上海财经大学从事博士后研究,并积极争取国家的留学基金,在美国芝加哥大学留学了一年。从实践经验到理论储备,我认为自己具有了很多经济学家不具备的经济学理论通俗化的经验和理论储备以及相应的经验条件。

其次,从1997年发表第一篇学术文章、1999年发表第一篇经济学文章以来,我一直坚持理论研究和实践研究并举的发展道路。一方面,我精读国内外最前沿的中英文经济学文献,从事着教书育人的学术传承工作,在《经济研究》《经济学季刊》以及国外期刊等学术杂志发表了约几十篇学术和理论文章。另一方面,我还经常将自己工作、学习、生活中的点滴体验整理成各种各样的小品文,先后在《经济学消息报》《中国经济时报》《财富时报》《21世纪经济报道》《经济学家茶座》《新经济》《财富与管理》等通俗的经济学报刊上发表。这些通俗性文章的发表，以及自身与政府、企业的密切联系，也源源不断地给我提供了很多新的创作素材。此外，我作为民主党派成员与政协委员，还经常利用自己的经济学体验以及对国内外经济问题的了解和感知，为地方政府、政协提供很多受到重视的政策建议和意见。通过这些不断的历练，我对经济学通俗化、普及化的工作也有了比别人更加深切的体会和经验。

现在摆在读者面前的这本书，就是这样一本我关于日常生活中种种真实现象、反常现象、深层次和容易被普通大众忽略的现象与问题的"经济闲话集"。收在其中的文章，几乎全部是我近年来的亲身经历，或者在工作、学习以及研究中深切感悟到的，又与普通大众生活密切相关的经济学问题。为了便于读者阅读，我将这些"闲话"按照话题大小，从微观到宏观划分为以下七个章节：

第一章为"社会现象'新思维'"。这一章从为何车站周边的饭菜质量总是那么差开始讨论，这是个非常普遍的社会现象，然而其背后却隐含着深刻的经济学原理，那就是优越的地理位置是大自然的恩赐，但这一良好的恩赐却常常变成了自私自利、非常短视的商人们不重视饭菜质量、不注重服务质量的借口和客观条件。在法治、信息不健全的条件下，这样的小餐馆长期存在，并成为当下中国社会的一个普遍现象。接着，我们讨论了电影票房与经济周期的反向相关性。这本来是生活中的一个普遍现象，我试图归纳出其背后的经济学原理。然后，通过教师和医生谁的社会贡献大这样的讨论，我试图诠释在当代社会中身体的健康与精神的健康二者的同等重要性，只不过一个管的是短期的健康，而另一个却关系到长期的健康问题。中国人为什么在防盗上花费那么多钱，则从另外一个角度讨论公共安全、对财产的保护对于社会稳定、减少经济资源浪费所发挥的积极作用。在当下的中国，移民似乎越来越成为一种潮流，我抓住这一现象，认为中国政府对移民现象所采取的开放态度具有一定的正面意义，同时也要对其中的非正常移民和官盗、腐败问题保持警惕。最后一篇讨论了药企与国家药监总局之间的"猫捉老鼠游戏"。在中共十八届三中全会之后，政府的行为与治理方式和治理能力都将走向规范化、法治化，这就要求新时期的中国政府能够保持一个开放、客观和公正的心态，在出台各种政策和措施的时候，能够更多地考虑企业的意见，这样才能朝着一个共同而正确的方向前进。

第二章为"转型进程'新思考'"，主要是从几个案例的角度来讨论转型进程中合理、高效、公正的政策和制度对于经济发展的极端重要性。银行不良贷款上升是近期的一个显著现象，我抓住这一现象，一方面要求政府对此保持警惕，不能完全对之不理不睬，毕竟其中可能隐含着竞争过度并造成大量社会问题的隐患；另一方面也告诫政府不要对此反应过度，因为它在一定程度上意味着中国银行业的市场进入加剧和竞争程度上升，这乃是市场经济发展进程中的一种好的现象。"'不该市场化的'市场化有什么可怕的"这篇则讨论了转型进程中什么样的产品和服务应该市场化，什么样的产品和服务不应该完全市场化。对此，政府应该保持清醒的头脑，切不可被经济利润冲昏头脑，从而对社会的长远发展造成巨大的负面影响。"中国城乡居民消费增长为何受阻"与"也说'八项规定'与国内消费"讨论了影响中国消费和内需增长的若干制度壁垒，并给出了启动消费和内需应该努力的方向。"生产和生活成本过快上涨隐含多重风险"则从另外一面讨论了抑制生产和生活成本过快上涨的重要性。另外两篇都集中讨论了中国银行业和金融业的问题，一个是讨论近期银行业的竞争程度加剧问题，另一个是讨论钢贸融资业的行业乱相问题，背后透漏出来的信息是：中国金融业发展进程中存在着很多制度漏洞，需要尽快改革并完善。最后一篇讨论林毅夫的世行任命，主要传递的信息是：在中国经济转型的过程中，我们同时需要政策或者政府经济学家、企业经济学家和理论经济学家，只有将三者的优势结合起来，才能更好地发挥他们对于中国经济发展和转型进程的良好理论指导作用。

第三章为"帝国主义'新现象'"，主要讨论美国和欧盟等发达资本主义国家和地区近年来经济发展进程中出现的一些新现象。"美国，一个能容纳稀奇古怪的国度"，主要讨论了美国的多元文化和社会现象，指出这种多元文化和社会现象的优点是，隐含着很多创新和发明的种子,是最为合适的创新环境;其缺点是,社会管理的难度较高。“奥巴马改变了历史,而不是游戏规则”讨论了美国选举体制,每一个参加竞选的候选人,都会接受政府的一定选举资助,并且都要在一个共同的游戏规则下进行竞选。其游戏规则的公平性体现为,落选的人要自愿公开承认选举失利。“美国,在强大与崩溃之间”讨论了美国社会包括政府对自身经济发展乏力的担忧和某种程度上的居安思危,这对于当下的中国具有一定的借鉴意义,那就是在经济发展较好的时期,应该是推行改革的最佳时机,否则当经济衰退或者增速下降的时候,搞改革,往往难以取得预期的效果。“欧盟的‘经济复苏计划’对中国的启示”介绍了2008年美国金融危机以来欧盟所采取的增加未来经济发展后劲的科技、人力资源、创新能力培育计划,这对于正在转型的中国而言,当然具有十分重要的启示意义。另外两篇讨论了对于美国经济转型与以美国为主所建构的TPP,中国如何应对的问题,这些都是当今中国的企业家、管理者需要认真思考的重要问题。

第四章为“上书政府‘新建议’”,集中展示了近年来我对各级政府、政协机关以及相关部门的各种政策建议。有关咸水淡化和“稻米加工循环经济”,主要从技术层面讨论了如何利用最新的科学技术服务于经济发展的建议;有关“松江电池环保事件”、上海地铁宣传以及高铁车票如何保障乘客信息安全的建议,则分别讨论了经济发展进程中,政府在推出各项政策、招商引资,或者是在经济建设的过程中,如何更好地考虑社会利益、公共利益,如何更加细致且有效地做好各类公共服务,而不是“费力不讨好”,在为社会做好事的同时,却成了社会埋怨的“冤大头”。“上海应率先在全国进行交通拥堵税的改革试点”从经济学的角度出发,建议上海市和中央政府运用经济杠杆应对交通拥堵。最后一篇则是针对市场上一片针对电子商务涉嫌垄断声讨的一个经济学反驳。在我看来,中国的电子商务好不容易迎来了大发展的良好时机,切不可过早地干预并断送这种美好的发展前景。

第五章“教育改革‘新路径’”,主要讨论了中国教育改革过程中的一些新问题和新建议。第一篇讨论了遍及世界的人才战,并指出了中国高等教育改革的紧迫性和必要性。第二篇讨论了改革前后中国大学之间的竞争态势及展望，主要从宏观的角度讨论了教育改革的历史沿革与未来发展方向。第三篇认为高校副处级以上干部因公护照制度应厉行改革，主要是建议政府不要像管理政府官员那样管理高校的干部，而应该给予他们更大的自由度，鼓励他们加强与国外的学术交流，尽快使中国的大学与国际接轨，从而早日建成中国特色的国际一流、二流大学。第四篇认为，上海市高校竞争力建设应该尽快调动广大非中共干部的积极性，为市政府如何发挥好、利用好广大党外干部、高层次知识分子的积极性，共同服务于上海市高校的发展和竞争力的提升提出了建议。“教授治校”是一个如何借鉴西方高校治理方式，化解中国高等教育矛盾的政策建议。最后一篇讨论了高校教师在教学与科研之间的矛盾问题，指出了二者之间的矛盾性质，以及如何恰当处理这一矛盾的若干可行路径。

第六章为“美丽中国‘新视角’”，主要介绍了我对美丽中国的若干研究。第一篇是有关“油烟减排—美丽中国”的行动倡议，主要是希望通过这一倡议，在全国掀起油烟减排行动，身体力行地支持美丽中国建设的建议。第二至五篇主要介绍了我对于中国历史气候变化的相关研究，试图从另一个不同于当代西方气候变化的经济学角度，强调重视中国历史气候变化的研究，深刻研究它与人类经济、社会乃至政治现象之间的内在深刻关联，从而告诫国人，以自己的行动，为建设美丽中国早日行动起来，而不是以个人的理性、短视的眼光，坐等气候变化、环境恶化带来的严重恶果的到来。

第七章“政府治理‘新见解’”，均是有关国家大事的建议或者见解。第一、二篇讨论城市化和城镇化在扩大内需，推动中国城镇化健康和协调发展上的路径和方向问题。随后的四篇讨论自贸区的产业竞争与合作、政府治理能力提升、政府治理体系建设等方面的问题。最后两篇讨论中国过去千年间的兴衰变迁与中国经济梦何时圆等重大问题。在习近平总书记有关“中国梦”的背景下，思考这些重大问题不仅具有重大的现实意义，而且也具有重大的理论意义。

总之，从本书这七个章节 50 则“经济闲话”的讨论中，读者不仅可以了解在现实生活中存在的形形色色的丑陋、奇怪和反常现象背后的经济学原因，加深对生活现实的认识与理解，而且也可以通过这些“闲话”体会经济学对于这些问题的强大解释力所在。此外，通过这些“闲话”也能够使读者体会到转型期中国正在经历的一些宏伟、喜人的经济和社会变化，加深对中国特色社会主义道路的认同，提高读者解决这些实际问题的能力。还有一点必须事先声明，那就是本书所展现的这些“经济闲话”，绝不应该被看作我对于中国经济、社会问题的种种不满或者牢骚的发泄。相反，我要传递给读者的一个明确信息是：今天的这个时代是开放透明的时代，更是催人奋进的时代，今天的中国已完全不同于历史上的闭关锁国时代。因此，如果我们还没有直面现实的勇气，还不敢正视现实中存在的种种不足，不寻求这些既存问题的合理、公正的解决之道，那么我们国家的改革事业将如何推进？企业的效率将怎样进一步提高？老百姓的生活质量怎样才能提高？在此，我想用一句话来概括：如果没有前人的不足，就不会有后人的进步；同样，如果没有对目前存在问题的恰当分析，就不会有中国社会在未来的更大进步。也许正如我在自己的博客中所写的那样：“单一均衡美若天仙，但现实世界却充满了多重均衡。”这与歌德在他的歌剧中要传递的道理是一样的，即经济学理论是完美的、抽象的甚至是灰色的，但如果不将它放到纷繁芜杂、五彩缤纷的现实中，不去身体力行地检验、体会和应用它，它的缤纷多彩怎能得到如此充分的彰显？

目录

Contents

第一章

社会现象“新思维”

为何车站周边的饭菜质量总是那么差?

我们最近去湖南考察学习,中午飞机晚点,到长沙时已是下午 1 点多。由于我们坐的是经济舱,结果,飞机“经济”得连午餐都不供应了。等我们在车站旁边安排好住宿再寻找吃饭的地方,已经差不多下午 3 点多了。这时,一个名为“湖南土菜馆”的饭店一下子便跃入大家的眼帘。

这家饭店的地理位置很好,就坐落在我们所住的枫林宾馆对面的山坡平台上。穿过地道,沿着青石板台阶拾级而上,就能很快到达这家饭店。饭店门面虽不大,但饭店下面的马路上布满了来来往往的公交车,站台上密密麻麻的人群,都有可能成为这家饭店的顾客。

饭店的招牌很大,红红的字体映在绿油油的山坡上,显得格外引人注目。特别值得一提的是,饭店招牌中的“土菜”二字更是让人浮想联翩。就这样,我们不约而同地来到了这家土菜馆。

一进门,服务员马上端茶倒水、热情招呼。服务员是个男同志,脖子上戴着一根指头粗细的金项链。当时大家就心想,这家饭店肯定生意兴隆,连服务员都戴着这么粗的金项链,那老板戴多粗的项链就可想而知了。这个服务员很特别,一个劲地向我们兜售他们菜馆的招牌菜。期间,一个同事问其饭菜的分量有多大,并做了大、中、小的手势比划着问。这个服务员只管点菜,对此提问不予理睬。过了一分钟,他似乎蛮有怨言地答道:“没有这么说话的。”听到这话,大家就有一丝不祥的预感。顾客还没有吃饭,服务员就这么教训人,这似乎与饭店给他的“金项链”待遇很不相称。

20 分钟后，饭菜全端上来了。看看碟子的大小，大家都感觉怪异。很多同事以前都来过湖南，知道湖南菜用的多是巨大无比的碟子，可这家饭店的碟子却全是清一色的小碟子。看看菜谱，上面写着“正宗湖南外婆菜”几个字，大家心里一直在犯嘀咕，这可能正是这家饭店的“土”色所在。可看着每一个端上来的菜都是一样的“土”，就连五十多元的招牌菜也用的是这种“土”小碗，大家相互对视，眼神中充满着“土”一样的迷惑与惊异。

吃起饭菜，大家更觉上当。一是所有的菜都切得非常细小，小到难以夹上筷子；二是几乎每一个菜的主要配料都是辣椒，尽管我们先前已吩咐要少放辣椒，但实际上这话说了等于没说。一盘名为“辣子鸡”的菜全是辣子而不见鸡。煮熟的鸡肯定不会飞，所以只有一种可能，那就是厨师根本没有在菜里放什么鸡。而那盘本应是鸽子肉的菜，也几乎全是辣椒，估计鸽子也在上菜之前飞走了。只有一盘青菜，大家感觉最为温馨。尽管很不满意，但大家饥饿难忍，只管硬着头皮狂吃饭，一碗，两碗……饭毕，四百多元的埋单再次让大家确信，这是一家地地道道、土上加土的“江湖土菜馆”。

第一，开始帮我们点菜的原来是饭店老板，而不是服务员。我们刚进门时，他看到一下子来了 8 个外地人，知道大生意来了，所以本来是服务员干的活，他马上抢过来自己干，既帮我们拼桌子，又给我们盛情推荐各种招牌菜。到我们要结账走人时，他又骤然变成了柜台上的收银员，既收钱又找零。这种作风本身就是一种不懂分工、不会管理、越俎代庖、不信任员工、不给员工实践和锻炼的乡村小老板的表现。

第二，老板听到顾客询问碟子大小的话以后，他没有很好地回答，反倒趁机揶揄顾客，这肯定是一种不尊重顾客，不懂得“顾客就是上帝”经营哲学的典型表现。在他的脑中，有的可能就是“有钱就是大爷，能骗就是本事”的“土”人见解。古人云“和气生财”，而在他的眼里，我们读到的信息却是吃他饭的人都是上辈子欠他的债。

第三，全球化时代用“土菜馆”这个名词确实能吸引那些寻找新奇消费的顾客，我们就是这样被吸引过来的。然而，“成也萧何，败也萧何"。"土菜馆"这个词虽然能暂时抓住人们的眼球,带来短期的"眼球经济",但在菜肴品位快速趋同化的今天,"土菜馆"这个词也人为地抬高了顾客对这家菜馆的期望值,这就等于给这家土菜馆的服务和菜肴品质施加了一个无形的"紧箍咒"。这家土菜馆利用了很好的地理位置,吸引了源源不断的客源,但其名不副实的土饭菜,很不地道的小碟子,粗俗无礼的土老板,不懂得管理的"土经营",却在白白地断送着自己的未来。

再往远多想一点,我问:"到底是谁害了这家湖南土菜馆?"结果,同事们的话匣子就被打开了。有人说,是这家老板的经营作风。又有人说,是这个老板的鼠目寸光。我的回答则是这里优越的地理位置。

第一,如果没有这么好的地理位置,饭店老板就必须老老实实做人,踏踏实实做菜,这样才能在激烈的竞争中求得生存,否则他只好关门歇业。

第二,正因为他坐拥有如此良好的地理位置,所以他就不愁没有新顾客盈门,于是他的饭菜的质量和价格、服务的态度等都上不去。

结果,一方面,由于良好的地理位置,这家饭店赢得了源源不断的客户;另一方面,它却正因为这么好的位置而一个一个地撵走了前来的顾客。这就像全国各地火车站周边的饭菜、宾馆都很差一样,并不是说全国各地火车站周边做生意的人都很坏,而只是说那里好的地理位置往往成为促使这些不懂得经营的生意人变坏、变土的一个重要的外部诱因。

(发表于《经济学家茶座》2010 年总第 45 辑)

"道听途说"的建构性功用

上下班的路途中,我总能听到各种各样有关中国当下经济社会的议论。刚上车,就听一位老兄说:"给你个谜语猜猜?"对方问:"什么谜语?"这位老兄说:"天下有三种生命力最为强盛的动物,请问他们是什么?”我脑袋咕咚咕咚转了半天(没办法,可能是年龄大的缘故,也可能是吃了含什么氰胺的牛奶的缘故),还是没有找到答案。他开口告诉我:“老鼠、蟑螂和中国人。”听到这个说法,车上的人全笑了。这是哪位总结的?怎么这么形象呢?

听到这句话,我就知道,肯定是这位老兄看到当下我国出现的各种各样层出不穷的食品安全和质量事故,于是便设计了这样一个有问有答的小题目。你还别说,这类小题目,虽然有些“厚黑”,但总能让人们在放声大笑之余引发些许思考。比如,当前,我国国内的食品安全监管制度是否存在缺陷?政府和相关部门在提供这些攸关老百姓生命安危的基本公共服务时,是否存在经济学所说的“政府失灵”?是某些监管人员的道德底线崩溃,还是那些利欲熏心的商人被利润吞噬了良心和道德?为什么这样的事件一而再、再而三地出现?如此等等。

上午,我给研究生上了两节“高级微观经济学”课程,下课后顺便在电脑房上上网,好让自己从模型的推导中尽快恢复过来。这时,另外一位老兄又说了这么两句话:“1997—1998 年,国内出现了大面积的洪涝灾害,国外又出现了东南亚金融危机,结果我国的经济发展就出现了很大的波动和调整。2008 年的情况看来也不太顺利,什么雪灾、地震加金融危机,该不会出现类似严重的经济甚至政治问题吧?”听后,我没有作声。想了想,我是搞经济的,天天从经济学的角度看问题、分析问题,结果全忘了从一个普通老百姓的角度分析与中国宏观经济、政治相关的这些大问题。而别人根本不是搞经济的,甚至就是个普通的工作人员,问的却是一些让我无力解答又十分关心的大问题。

下午,我的高微课在另外一个研究生班级照样进行。课间,又有两个学生问我:“我国政府在美国金融危机发生后出台了一系列鼓励出口和安抚出口部门的政策,比如给那些面临着生存压力的中小型企业的出口退税率高达 14%,结果很多大的出口企业就意见纷纷。这不利于这些大的企业,也不利于那些小的企业趁机进行所谓的产业结构调整。再说,中国出口产品的国外市场萎缩,给国内出口退税补贴有没有效果?”他问这一问题时,我一下子豁然开朗了。对呀,这个学生的看法，我十分赞同。但是，国家为什么这样做呢？看来，国家考虑问题一定不同于我们这些经济学者。我们考虑问题点小面小，仅从经济出发，而国家考虑问题却不可能这么狭隘，也不可能这么信天游步。很显然，国家要从全局出发，从就业、社会稳定以及中国的未来发展大局出发，而不是仅仅着眼于短期、眼前和经济问题，而要兼顾政治、经济、军事甚至长远发展。

这不，中央对这次金融危机已作出了全面的部署：(1) 从短期看，给那些面临出口难题的中小企业一定的出口退税优惠，好让它们渡过难关，而不要大批解雇工人，关门歇业，从而给政府与社会稳定添乱。(2) 从中期看，国家现在又准备在房地产市场上采取一定的松绑措施，好让作为国民经济重要推动力的房地产市场逐步复苏，这样我国的 GDP 就不会有太大的下降。(3) 从长期看，国家已经着手实施和落实“新农村发展战略”，推动中西部的基础设施建设，以拉动内需。但是，内需并不是说一拉动就会马上见效的，有可能存在着一年或两年左右的时间滞后。这样做不仅有利于在短期内缓解金融危机的影响，而且可以从长远保持国家的稳定和长远发展。

看来，社会上有很多事情虽然从经济的角度看不甚合理，但换位思考可能就会发现，每个角度都能对同一个问题进行不同侧面的解释。至于国家是否采取这些政策建议和策略，则有它自身的考量，毕竟国家是一个宏大的经济、社会、利益关系相互交织的集合，而学者、专家则是某一学科的专家、某一视角的解读者。无论怎么说，今昔相比，让人尤为欣喜的是，今天的中国已是一个开放、改革、发展的中国，而不是封闭、守旧和停滞的帝国。在这里，不同的观点、不同的视角、不同的言论都可以名正言顺地交锋，不同的问题、不同的看法、不同的解决方案都可以比较自由地表达。这带给大众、政府、专家的不仅是一种思维上、观念上的冲击，更是一种解决问题思路上的飞跃。因此，对于道听途说，我们没必要杜绝，也没必要反对，有的应该是相对自由的交流。有句话说：“谣言止于智者。”这是什么意思？这句话并不意味着谣言到智者面前就停止了，相反，这句话意味着，谣言只不过是一种说法、一种观点、一种道听途说，如果我们的社会有充分表达的自由、发表的自由、辩论的自由，谣言就会不攻自破。所以，正确的做法不是进行生硬、冰冷、简单的封锁，相反，采取开放、温和正确的引导，谣言当然就会被粉碎。从一个建构性的角度来看"道听途说"，这难道不是道听途说的建构性功用吗？

教师VS医生，谁对社会的贡献更大？

吃饭的时候，我和夫人聊天，话间谈到了教师和医生的区别。夫人说，医生不像教师，医生要靠真本事才能吃饭，而教师往往靠嘴皮子吃饭。所以，从真本事这个角度来看，医生肯定要强于教师。我说，那不一定，为什么那么多领导干部是教师出身，而医生出身的领导干部则不多？夫人接着说，从全社会而言，医生的贡献要大于教师，教师全靠嘴皮子吃饭，对社会的贡献肯定没有医生那么实用、那么大。我说，教师是人类灵魂的工程师，而医生顶多只能算人类身体的修理工。所以，从长远来看，教师的作用肯定要大于医生。我觉得辩论还不过瘾，接着说道，教师塑造的是一个人终生的精神健康，而医生只能管一个人十天、二十天、一个月、两个月，顶多半年的健康。夫人虽然读的书没有我多，但反应却比我快，她反问我：那为什么在社会上医生的收入要比教师高？我说，收入高低并不能代表对社会的贡献大小。她反问我：在当今的社会上，能够代表对社会贡献大小的是什么？是道德，是良心，是金钱，还是独有一个虚名？

我很不服气，继续提出很多表明教师比医生对社会贡献大的证据。夫人说，每个人与其举出很多例子说明何者伟大、何者对社会贡献大，倒不如我们反过来想想，一个坏教师和一个坏医生相比，谁对社会的破坏力更大？我马上举出很多例子说明，不好的教师对社会的破坏性更大。比如，坏教师可能玷污了学生的灵魂，还可能玷污学生的肉体，正如新闻不断报道出来的坏教师的例子所显示的那样。结果，一个社会的思想、思维和教育等可能要很多代人之后才能恢复。夫人说，那不一定，如果医生作恶，他对社会的破坏力可能更大。比如，医生给病人吃坏药、假药和错药，可能会导致人死亡，或者医生卖给病人更贵的药，甚至会让病人倾家荡产，但是教师即使教坏人，也并不能让人毙命。我说，一个教师作恶，可以祸害一代人、一群人，但是医生祸害人，则不可能祸害这么多人。因为如果大家知道这个医生有问题，肯定就会相互报信，于是找这个医生的人就很少，他可能就要关门歇业了。

我们辩论了半天，好像一时半会儿还难以分出个黑白来。于是，我们商量了一下，大家换个方式来讨论这个问题。比如，教师和医生是两种职业，到底何者更容易浑水摸鱼？我说，医生中有很多色胆包天的医生，往往利用自己的职业行骗色之实。夫人说，那不一定，教师中也有很多利用职务之便行骗色之实的事情发生。我们再次商量了一下，打个比方，一个水平很低的人面临医生和教师两个行业，大家来说说，到底哪个职业比较容易混？夫人说，肯定是教师这个行业，因为教师主要靠嘴皮子吃饭，所以一个人要来混的话，还是很简单，只要练练嘴皮子，就能像南郭先生一样，行骗好长一段时间。但是，对一个医生而言，如果一个外行想来混混，看来还是比较困难的。因为医生每天要面对那么多的病人，若给别人开的药不对，病人吃两天就能发现这个医生是“水货”，于是就不来找他了。教师如果是“水货”，一时半会儿还是看不出来的，因为学生在较短的时间内还是很难发现教师的水平高低和人品好坏的。

经过了这么长时间的辩论，我们好像还是难分伯仲。于是，我们再次改变策略。那就是看看，一个医院里面如果充斥着很多“水货”医生，到底这个医院还能生存多久。同样，一个学校里面如果充斥着很多“水货”教师，到底它还能生存多长时间。我们的答案似乎有趋同的趋势。也就是说，从我们的假定出发，在目前的市场条件下，好像是医院倒台得更快，因为医院是一个治病救人的机构，如果这个机构治不了病，救不了人，即使是政府部门硬性规定大家去这里看病，恐怕它也很难长久生存。但是，在充斥着很多“水货”教师的情况下，一个学校却能生存很长时间，这到底是为什么呢？原因主要是，学校是一个训练学生心智和灵魂的地方。既然是学生，往往还是比较听话的，而教师往往处于居高临下的优越位置。所以,一旦教师编造一个谎言,恐怕一时半会儿学生还是难以分辨的,或者说,即使能够分辨出好坏与高下,也往往碍于情面或者规章制度而不会将之公开。于是,这个谎言或者骗局就能持续下去。

从一个学校或者一个国家的整体情况来看,似乎也是这样,那就是当大多数教师都在重复谎言的时候,谎言往往就能变成真理。不信,我们可以到现实生活中去调研和对比一下。充斥着"水货"医生的医院相对少,但充斥着"水货"教师的学校为什么相当多?夫人说,这个主要是因为中国的教育业还远未开放的缘故。一旦开放了,充斥着"水货"教师的学校很快就会垮台。我补充了一句,开放恐怕并不是最为关键的,开放不开放,关键是有没有竞争,如果存在竞争,即使没有开放,一个国家内部学校之间的激烈竞争也会导致那些充斥着"水货"教师的学校首先垮台。相反,如果仅仅保持开放,但学校之间却不存在很大的竞争,那么充斥着"水货"教师的学校仍然能"稳坐荆州不开船"。

最后,总结一下我们的辩论。如果单从教师和医生对社会的贡献来看,教师担负着塑造人类灵魂的重任,而医生则肩负着治病救人的重任,一个管长远,一个管短期,所以彼此难分伯仲;如果从两者对社会的破坏力来看,教师关系到社会的长远发展,而医生则监护着你、我、他的身体健康,所以也难以分出胜负;如果从两个职业是否鱼龙混杂来说,似乎学校更容易成为一个藏污纳垢、容忍平庸的地方,相反,医院则很难如此作为;从学校和医院的生命力来看,如果学校充斥着"水货"教师,这个学校可能并不一定会倒台,还可能存在很长时间,而若是一家医院,如果充斥着很多"水货"医生,恐怕它很快就没有客户。其中的原因何在呢?原因是,前者是非营利组织,而后者在当下的中国已经是一个纯粹的营利性组织。对一个营利性组织而言,不盈利,恐怕其生存的时间就不会太长。但是,对一个非营利组织而言,一时半会儿往往难以看出它的变化,并且它常常还能保持相对的稳定。其结果就是,非营利组织尽管存在很多问题,但仍能生存很长时间。

《经济学家茶座》茶客风采

接到通俗经济学杂志《经济学家茶座》编辑詹小洪的来信，非常高兴，因为他邀请我作为“茶座”第60辑封二上的“茶客”，让我写一个所谓的“茶客风采”。内容随便，可介绍我的个性特征，可介绍我对经济学研究、教学的体悟，相当于我可以在《经济学家茶座》这个知名的通俗经济学连续出版物上免费做一个广告。

收到这个来信，我思索了半天。毕竟这个广告是我这个经济学者从后台走向前台的一个好机会，所以来不得半点马虎。通常而言，在中国的教育体系下，学生们是不害怕所谓的“命题作文”的。因为命题作文就等于为作文圈定了范围，所以学生们通常认为这样更好对付。或者，学生们总是能使用各种各样的手段，让老师给他们划定所谓的“考试范围”。其中的道理是显而易见的，因为只要范围划定了，就有了有限的边界。只要有了这个边界，学生们总是能够通过各种各样的方法找到边界之内的内容，结果考试就简单多了。这个想法体现了中国学生的聪慧之处，因为花较小的力气可以实现更大的收获。其实，这个问题也恰恰反映了中国教育在某种程度上的失败。因为对学生而言，难度最大的考试就是没有边界，或者让学生自己定。让自己定，也恰恰能够体现教育乃是教授学生一种分析问题的方法这个本质特点，可惜中国教育还做不到这一点。

写点啥呢？想象一下，我就是詹小洪编辑这个“老师”此时此刻的“学生”。他问我要一篇“茶客风采”，我问写什么内容，“老师”回答说，随你的便。我顿时丈二和尚摸不着头脑。可是，看看别人在杂志封二“茶客风采”中的内容，我马上就有了感觉。

第一，肯定要写点个人的简介，因为做广告，首先就要介绍“产品”是怎么回事。我这个“产品”到底是怎么回事呢？当然是个经济学者。是个什么样的经济学者呢？当然是个在我自己看来，有思想、有见地、训练有素的学者。怎么样训练有素呢？当然就要写我的求学经历，写我的个人背景,写我不同于其他经济学者的“禀赋”。因为不同的禀赋,不同的求学经历,往往在很大程度上决定着一个经济学者在日后所取得的成绩。所以,我就写了下面一段话:

> 赵红军,一个颇具红色革命传统又具凛然正气的名字。从姓名看,读者绝对能猜测出来我是“70后”。从出身看,我是典型的“我家住在黄土高坡”。从经历看,我除了做过从小学、中学、大学、博士、博士后二十年左右的学生外,还干过三年国有外贸公司的外销员、两年外资企业的区域销售经理,之后又在国内、外从事了十多年的经济学“传道、授业、解惑”的工作。从个性看,由于我接受过中国传统文化、革命传统与爱国主义教育,也曾经到芝加哥大学接受过一年所谓“假海归”的西方式研究训练,所以一方面我非常了解中国文化、企业、政府、组织运作机理,真切地体察了中国国情,对国家和社会抱着诚挚的热爱;另一方面,我也常常能从西方经济学经典文献,包括新制度经济学、新经济地理学、新古典经济学等“他山之石”中,找到对中国转型进程、制度变迁中存在问题的种种对策和答案链接。

广告篇幅不宜太长,否则会影响观众、听众的注意力和兴趣。所以,在这三百多字的介绍中,我还要弄得尽量神秘一点。当然,这里的神秘背后的事实都是真实的,而不能是虚假的吹嘘。有了这些不同于绝大多数经济学者的求学、工作经历,所以就锻炼了我非常不同于绝大多数经济学者的个性特征和研究理路。我受过中国传统教育,所以我爱国,更爱和谐。我了解中国历史与制度背景,同时又熟悉经济学理论,所以我常常能从经济学的“他山之石”中找到非常有趣的问题,也往往能对现实生活中的问题,包括政府决策、企业决策乃至个人的生活决策,提供很多有用的政策建议。

第二,广告中,不能全部是“王婆卖瓜,自卖自夸”,我还必须写写对经济学这个自己认为最为有趣也最有魅力的学科的认识和感悟。毕竟,我从1997年开始写第一篇发表于核心期刊的论文,到如今接触经济学已有近二十个年头了。这种接触不像很多人那种天天读教科书，而是先到企业去实践，之后再回过头来重新学习经济学。

记得我上大学时，当时有“西方经济学”的课程。可惜，1992 年要开这个课程的老师被调走，所以大家都认为应该开的课程却没有机会开。1993 年，我大学一毕业就到企业工作，跑外销，找客户，做商检，搞运输，还贩卖面粉、水泥、红小豆、苹果。由于在单位出色的业绩，我搭上了 1995 年陕西省新任省长程安东“新官上任三把火”的东风。通过全省的外贸业务骨干考试，我来到了上海对外贸易学院，进修国际经济与贸易理论和英语。这一进修，一下子打开了我学习、学习、再学习的闸门而“一发不可收拾”。我每天早上与在校的学生一样晨读，每天下午与他们一样上自习。上课之外，我天天在图书馆读杂志、看文章。1997 年，我在陕西省社科院的一个核心期刊《经济改革》第 1 期上发表了第一篇文章《西安金融中心面临的挑战》。之后，我就开始萌发了考研的念头。于是，我一边在上海的内资、外资等公司上班，一边准备考研。1998 年，我辞职，回到西安交通大学，在学校旁边的沙坡村租了一个约 6 平方米的房子，开始准备考研。我每天在西安交通大学的图书馆学习到晚上 10 点钟，下午去跑步，锻炼身体。经过半年的复习，我终于再次熟悉了微积分、线性代数，使自己的英语词汇量从 3000 增加到 5500，使自己的分数从 50 提高到 75 分。1999 年，我终于考上了研究生，研究的热情一下子被点燃。读研究生期间，钱伟长任校长，将当年清华大学的那种研究氛围移植到上海大学。两年半的时间，我不断参加讨论会，每天在图书馆阅读到晚上 10 点。到毕业时，我已经在核心期刊上发表了近十篇文章，在通俗杂志上发表了十几篇文章。之后，我的导师推荐我到复旦大学经济学院读博士。读博士期间，我也是那一届经济学院博士生中颇有进取心的一位，毕业的时候因为自己的导师已退休，所以留校不成，就来到了曾经给我提供了两年职业和学习庇护的上海对外贸易学院。再后来，我一边研究，一边准备进修，同时通过了出国人员留学必备的英语考试。之后，我同时在上海财经大学以及芝加哥大学开始博士后以及留学的生涯。那一年的留学不仅大大扩充了我的视野，而且我还利用芝加哥大学社会学系、经济学系的优越条件，接触和积累了大量的经济学、社会学、历史学文献。自此，我宽广的经济学视野已经形成，分析问题的独特思路也基本形成。

对于一个经济学问题，我基本上不会循规蹈矩，也不会轻易接受某个人的观点。我从著名经济学家林毅夫的身上学习良多。他 1986 年毕业于美国芝加哥大学经济学系，受过良好的经济学训练。但是，他的学术观点与芝加哥学派却有着很大的差异，他相信自己的分析，坚持自己的道路，不循规蹈矩，也不轻易将自己划分到某个学派名下。在芝加哥大学的那一年，为我后来 5—10 年的发展奠定了非常坚实的基础。现在学界很多人都是“跟风派”，但我从来不跟风，我在一个不算大的学校坚持自己的研究，以自己的名义发表了几十篇核心文章。当下的中国正流行着一种忘记历史的趋势，但我坚持自己的研究理路。但是，在申请课题方面，我好像并不是特别顺利。这一方面反映了国内学术界、教育界的很多机制问题、体制问题，另一方面也反映了国内学术界充斥的浮躁、功利主义氛围。

在作了这些铺垫之后，有关经济学的认识与感悟这一块，我写下了如下这段话：

> 在我看来，经济学理论具有二重性，它一方面揭示了西方发达国家从发展到发达过程中以及发达之后相当长时间内市场经济运行中的很多规律性内容，这绝对值得发展中国家的经济学者、政策研究者、企业人士借鉴、学习和研究。但是，另一方面，经济学理论本身也并不是万金油，它一定带有其相当多的假设和时代局限。这就意味着，发展中国家的人们不能对之简单照搬，或者全盘接受，也不能完全跟风弄潮。这就要求学习者、借鉴者、政策研究者必须掌握其精髓，发挥其长处，知道其局限，冷静分析，洋为中用，真正服务于中华民族的伟大复兴。

这次《经济学家茶座》给我做的这个广告，我并不付费。在很大程度上，“茶座”是出于关心和爱护我们这些“常客”的考虑。所以，我肯定要写几句“感谢”茶座的话语。但是，对“茶座”的感谢，不能采取直接表达的形式，因为这会使得读者感觉这似乎是一种交易行为，从而误解了我们做这个广告的目的。于是，就写几句有关我对《经济学家茶座》性质的认识的话：

> 《经济学家茶座》就是这样一个很好的平台，在这里，大家可以不拘形式，不限题材，不用一本正经，不一定逻辑严谨地尽情发挥，见仁见智、相互切磋、经常讨论。但愿《经济学家茶座》能成为中国崛起进程中的经济学楼梯，一步一个脚印见证中国“强国梦”的实现。

（发表于《经济学家茶座》2013年总第60辑）

中国人为什么在防盗上花那么多钱？

很多年前，读巴泽尔的《产权的经济学分析》，有一句话至今令我印象深刻：“产权如果能得到很好的保护，人们就不必花费很多的钱在防盗等设备上。”可是，看看我们周围的情形，中国人为什么会花那么多钱在防盗设施上？比如，到一些小区去看看，三楼、四楼以下，几乎每户都安装了防盗窗。还有不少住户，即使住在十楼、十五楼，窗子外面或者里面依旧安装了防盗窗。我们是不是可以据此非常简单地推断，中国的产权保护状况很差呢？我想问题可能并没有这么简单。

第一个原因是，四楼以上住户安装防盗窗可能并不是防盗，而是防止自家小孩从高空跌落。近年来，特别是暑假、寒假，几乎都有小孩从高空跌落的事件发生，这恐怕正是四楼以上住户安装防盗窗的一个重要原因。记得在第六次全国人口普查时，常常见到有调查人员为了入户获得准确的人口调查数据而感到困惑不堪。其实，只要站在楼下往上看看就可大致判断这家的基本人口结构状况了。四楼以下，如果全部安装了防盗窗，那么基本可以判断，该小区的治安状况不太好；相反，如果四楼以下住户安装防盗窗的比例不高，那么便可以判断该小区治安状况不错。看看四楼以上的住户，如果很多都安装了防盗窗，说明这个小区的住户家庭结构比较年轻，有小孩的家庭较多；相反，可能家庭结构相对较为成熟。

第二个原因是,如果周边的住户都安装了防盗窗,其他的住户也会倾向于安装防盗窗,这里存在一个所谓的"羊群效应"问题。因为如果其他的住户,特别是一个住户周边的住户都安装了防盗窗的话,那么不安装防盗窗的住户的不安全程度可能就会大大提高,因而安装防盗窗的概率就会大大提高。原因很简单,第一,别人装了防盗窗,那么不安装防盗窗的住户被盗的概率就会提高;第二,别人装了防盗窗,盗贼利用防盗窗行窃的活动范围很可能会扩大,结果"安装防盗窗"这个策略就成了这个小区住户的所谓"纳什均衡"策略。

第三个原因是,国内小区防盗窗比较普遍可能还跟小区部分居民的低劣素质相关。比如,如果一个小区的居民素质都较高,就不会随便高空抛物,也不会随便将湿淋淋的衣服或者脏兮兮的拖把随便往窗外一挂。这样,很多住户也就不会花费很多钱来安装防盗窗、挡雨棚,或者各种以防盗设施为辅助的防护设施,以防止其他住户的不文明行为给自己带来的负面影响。至于一些小区部分居民素质低劣的原因,一是因为中国城市流动人口规模较大,这些人大多不拥有自有住房,所谓"无恒产者,无恒心",因而就普遍不关心小区他人的利益。二是因为小区部分居民的素质的确很差,他们对自己的行为给他人造成的影响也没有半点廉耻之心。三是因为一些人通常比较关注自身或者自家福利,而往往置自身及自家福利之外的所谓公共福利于不顾,于是诸如马路上倒水、窗外倾倒垃圾似乎是理所当然的。

第四个原因是,国内小区各种防盗设施比较普遍恐怕也与住房的低劣设计或者设计缺陷密切相关。比如,有的小区为了美化,在楼宇之间建立了高空走廊,结果凡是跟这一走廊密切相关的住户普遍都会安装防盗设备。由于此高空走廊的设计特征,导致这些住户在某种程度上的相互连通,因而被盗的概率普遍增大。还有,有的小区为了美化之目的,在三楼、四楼外面设计一个好像是起加固作用的所谓大梁或者拱桥。结果,这个大梁或者拱桥便成了这些楼层的住户向外拓展空间的一个重要借口。在这里说"借口",其实也有一定的牵强附会之意。原因是,该大梁或者拱桥一则会成为盗贼盗窃的方便之门;二则还能成为高空抛物的承载器,或者由于高空抛物而导致的连带不安全、不卫生因素。所以,国内一些住房的低劣设计或者设计缺陷也是造成小区防盗设施比较普遍的一个重要原因。

在说了以上原因以后,大家也许就清楚了国内防盗设施较多,但并不一定必然意味着产权保护不到位的基本事实。大家也许会接着问:国内的产权保护状况到底怎么样?

下面就让我用一个偶然间得知的例子来说明一下松江某街道各小区的产权保护程度吧。该街道下辖 78 个小区。2013 年 4 月份,共发生了 16 起入室偷盗、14 起非机动车偷盗、1 起机动车偷盗、1 起车内物品偷盗事件。如果我们用这些小区中发生偷盗事件的概率来衡量该街道的产权保护程度,那么很快就能计算出该街道的产权保护程度为 58.974%(1 -(16 +14 +1 +1)/78)。也许有人会说,4 月一个月份的数据时间覆盖范围太小,不具有代表性。那么,一个更加准确的衡量该街道产权保护程度的方法就是,按照一定时间的平均偷盗状况来判断。比如,2013 年 1—4 月份,该街道累计发生了 60 起入室偷盗、48 起非机动车偷盗、9 起机动车偷盗、9 起车内物品偷盗事件。如果按照前 4 个月的平均值来衡量的话,该街道的产权保护程度就应为 59.615%(1 -〔(60 +48 +9 +9)/4〕/78)。可惜的是,我们得不到该街道全年的案件发生状况的统计表。想象一下,如果我们拥有一个更加系统的统计数据的话,将能更加准确地度量该街道的产权保护状况。

上面例子中的数字全部来自该街道派出所的统计数据,想必具有一定的准确性,也能很好地反映该街道的产权保护程度。

我们认为,中国人在防盗上花那么多钱的原因,可能与中国产权保护状态相关,但并不必然意味着中国产权保护状况很差,它还可能与此之外的更多因素相关。要很好地衡量一国的产权保护程度,一个可行的做法是,从公安局拿到辖区内偷盗、盗窃案件发生数占辖区小区总数的比率。如果按照这个标准进行测算,结果就会发现,松江某街道的产权保护程度为 58%—59%。如果有人还打破砂锅问到底的话,如小区的大小有别,仅仅用偷盗或者盗窃案件发生率占小区总数的比例衡量产权不安全程度是否存在一定缺陷,那么我的回答是,一个更好的做法应该是,用偷盗或者盗窃案件发生数占小区住户总数的比例来衡量产权保护不力程度。

（发表于《金融博览》2013 年第 8 期）

如何正确看待中国人移民海外?

两年前,我在意大利 University of Trieste 做“中国经济”的公众讲座,主题是:中国经济经过三十多年的高速增长,今后是否仍然有潜力继续高速增长?我列举出了四个方面的证据:

第一,中国的城市化率仍然很低,目前是 51%,这已经包括了那些在城市居住满一年的农民工。如果按照老的城市化率标准,也就是户籍是否迁移到城市来计算的话,我们的城市化率仍然是很低的。这个数据即使与发展中国家平均 60%—65% 的城市化率相比仍然存在着较大差距。如果中国的城市化水平能够达到发展中国家的平均水平 65%,那么其中隐含的住宿、交通、家用电器、家具、装饰、基础设施等方面的投资与需求将至少可以支撑中国经济再高速增长 30 年左右。

第二,在中国 34 个省、自治区和直辖市中,只有少数几个,或者至多不超过 1/3 的省市是所谓的经济相对发达地区,其余 2/3 以上甚至 80% 都是所谓的欠发达地区。中西部一些地区的老百姓甚至连每天生活费支出 1 美元的国际贫困标准都达不到。中国的贫困人口至今还有 3000—5000 万。如果这些地区都达到如今上海、北京、广州等地的生活水平,至少还需要 30 年的时间。

第三,中国目前拥有汽车的家庭比率为 6%—8%,而全世界的平均水平为 12%,欧盟为 70%,美国为 75%。如果中国家庭的汽车拥有率达到 50% 的话,那如此巨大的汽车市场需求将至少可以支撑 10—20 个像福特汽车、通用汽车那样的大公司。由汽车制造、研发、生产、销售、维修、服务等所带来的产业规模与就业规模将至少可以支持中国继续高速发展二三十年。

第四,从国际上通行的人均 GDP 这个衡量经济发展程度的指标来看,2011 年中国的人均 GDP 为 5444 美元,分别是美国的 10.5%、欧盟的 13.3%。如果中国达到欧盟或者美国现在的发展水平,中国经济将至少有 20—30 年的发展空间。

在回答问题的环节中,一个意大利人提了一个问题:“对呀,你说中国的增长潜力很大,但为什么那么多的中国人要选择移民海外?”其实,听到这个问题,我就知道欧洲人提问题还是很刁钻的。就像历年中国总理答记者问时外国记者的提问一样,从这些外国记者的提问中,我们就能猜测到他们提问的尖锐程度。如果换一个角度,我们就能发现,老外提问的背后不仅透露的是提问者身上那种独特的思维和分析问题的方式,同时也在某种程度上体现了他们教育体系、社会体系中一定的容忍和宽容态度。话说回来,其实老外的提问往往也透露出某种意识形态色彩。

对老外的这个问题,我当时的回答是这样的,中国政府在很长一段时间以来,就是以一种相当开放的姿态对待所谓的移民问题。原因很简单,中国自秦汉以来就一直是农业经济体,即使到今天,尽管东部、中部的地区已经比较现代化了,似乎到处所见的都是高楼大厦,但这其实仍然是一种局部现象,而远非全国性的普遍现象。截至目前,中国仍然有 50%—60% 的部门、60%—70% 的老百姓、60%—75% 人群的思维方式仍然残存着所谓的“小农意识”。看看媒体上的宣传就知道了,为什么一些外国人那么奇怪中国政府常常将“扩大改革开放”放在嘴边。这恰恰说明,中国一些人的思想还很不开放,也不是非常愿意改革,因为中国社会几千年来所形成的文化和意识形态在一定程度上还是一种相对保守的、封闭的文化和意识形态。儒家思想在很大程度上就是这样一种建立在较低的人口流动性基础上,农本商末、重农抑商、以农业生产为主的哲学和文化体系。改革开放以来,虽然这样的情形早已有所改变,但各级政府官员、市民、工人、学生甚至教师,往往仍会情不自禁地保守思维、保守做事、保守做人。其结果就是,中国政府不断地讲改革开放、开拓创新,目的无非是让国民、大众、管理者做事、思考问题的方式不要像过去那么保守,做事的风格也不要那么墨守成规。

这么多年来,越来越多的中国人通过经商、学习、工作等形式来到海外。事实上,在很大程度上,这是中国政府喜欢和乐意看到的事情。因为这些人去到海外,就能学习和积累一些不同于中国人传统意识形态和保守思维方式的新的思维方式,这对于中国的进一步发展而言是特别重要的。中国政府也不像历史上某些时候那么的“小气”或者“吝啬”,每年都愿意拿出那么多的钱,通过各种各样的项目、资金或基金,资助那些青年学子、中年学者甚至资深学者,让他们出国深造,走出去学习国外的先进知识和经营、研究、创造性的理念。从短期看,这些人员的出国对中国而言可能是一种人力资本的外流,因为这些出国的人并不是百分之百地如约回到自己的祖国。但是,从长远看,这种形式的出国对国家整体而言却是好处大于坏处的。

人力资本这个东西是很奇怪的,它就像水一样,不仅能流出去,而且也能流进来,关键看地势的高低。这不,这些年来,那些喝过“洋墨水”的人不是都纷纷回国了吗?出国前,他们可能仅仅是个山里娃,现在成了学富五车的知识分子;出国前,他们可能是不懂农村是啥样的纯粹城里人,现在可能不仅懂得中国的农村,而且也懂得美国、欧洲乃至世界各地的农村,成了一个全面的、复合型的知识分子。他们出国时可能一文不名,现在从国外带回来的不仅有知识、技术,而且还可能有资金、管理经验甚至市场。一句话,在中国人出国留学这个问题上,中国政府算的账是长远的账,而不是短期的账。

当时那个提问的老外对我的回答感到非常满意,也许是我的解释合情合理。其实,我根本就没有讲明白这个问题另外一面的事实,这恐怕就是我这个受过儒家思想影响的知识分子相对保守的地方。因为我向往和谐,希望祖国强大,对着一大堆老外一五一十地讲我们国家真实的故事,一方面不是特别合适,因为老外毕竟是老外,现在和将来可能还是我们的竞争对手;另一方面,如果我一五一十地给老外讲这些东西,对于中国的崛起可能也不是特别有利,也许还会给中国人脸上抹黑。其实,当时我没有讲出来的内容恰恰就是我们今后发展进程中应该多多注意和尽快予以改变的问题。

第一，为什么那么多的中国人愿意移民海外呢？恐怕除了那些出国求学，通过奋斗求知识、求经验，求富强、求美好环境的人之外，中国移民海外的人中还有一些是所谓的“贪官污吏”“官倒腐败”。如果我们拥有中国移民数据库的话，倒是可以发现很多问题的真相，从而为国家提供很多对症下药的政策药方。

第二，如果说中国人移民海外是一项“用脚投票”的市场性活动，那么倒是可以运用经济学中所谓的“市场供求分析”，好好地研究一下这个问题透露出来的实质。从供给方面看，很多人不愿意呆在自己的国家求发展，而愿意到其他国家谋发展，这可能反映了中国的经济、社会制度、政策尚存在一些不令人满意的地方，特别是相对于其他国家而言。所以，他们要到经济、社会、政治、环境条件令他们满意的地方去发展。另一方面，可能由于中国的人才特别多，其结果就是国内人才的工资可能不高。这样，在国内得不到很好发展的人，到了国外却能得到很好的发展，这是完全符合市场经济规律的。毕竟“人往高处走，水往低处流”。值得庆幸的是，中国政府毕竟采取了一个开放而不是封闭的态度来面对这个问题，愿意出去的就出去，想回来的就回来。因为中国政府坚信，只要中国的经济能够继续增长，能够迅速崛起，各方面的事情能够不断改进，那么到时候想回国的人会多的是。

不过，中国政府在对人才外流、移民海外保持开放心态的同时，一定要注意的另外一点就是，要对那些将中国资产转移到国外，将中国人的血汗钱转移到国外，将中国老百姓的辛苦钱转移到国外的所谓“败家子”行为，或者将自己的子女、老婆、家属转移到海外，而自己却仍然是国家机关的工作人员或者各级单位领导人的所谓“裸官”的举动予以高度警惕。党的十八大报告指出：“必须清醒地看到，我们工作中还存在许多不足……一些干部领导科学发展能力不强……少数党员干部理想信念动摇……对这些困难和问题，我们必须高度重视，进一步认真加以解决。”我以为，重视并辩证地看待中国人移民海外的现象及其背后反映出来的问题，并找到对这个问题的最好对策、建议，恐怕就是我这个经济学研究者对党的十八大精神的一种最好的学习与体会。

（发表于《经济学家茶座》2013 年总第 61 辑）

药企告赢国家食药监总局会是新常态吗？

据《第一财经日报》2015 年 1 月 9 日报道，越南药企（VellPharma）经过三年多的漫长诉讼，最终告赢中国国家食药监总局。消息一出，立刻在医药界、企业界和新闻界掀起轩然大波。这件事情虽小，但为什么能引起轰动？我认为，主要有两方面原因：一是此次诉讼案发生在中共第十八届四中全会，也就是《中共中央关于全面推进依法治国若干重大问题的决定》之后，全世界的目光比以往任何时候都更加关注中国法院在此时此刻的表现。二是此次当事方之一是一家越南的企业，而国家食药监总局又是中国医药界的最高行政主管机关，中国最高法的最终裁决结果却真的是“民”赢了“官”。最高法通过此次事件，想传递给业界一些什么样的信息？

其实，如果不是中共十八届四中全会的召开，像这样的诉讼案件，本无太多国人关注。正是中共十八届四中全会以及《中共中央关于全面推进依法治国若干重大问题的决定》给了国内外媒体、记者和公众对这次事件的解读以充分想象的空间。此次会议的主题是依法治国，公正司法是其中的重大任务之一。作为此次案件原、被告双方的地位显得十分特殊。其中，原告方是在中国经营药品生产长达十多年，在全国各地打过大大小小几十场官司，而且大多都会败诉的一个外国“老玩家”。被告方是中国食品药品行业的最高行政主管机构——国家食药监总局。前者是“民”，后者是“官”，“民”能告赢“官”吗？

以往，社会各界、业界往往对所谓的“民”告“官”的结果并不抱有太多的期待。但是，这场官司恰恰就发生在党的十八届四中全会以后，此时此刻的社会、公众、国内外媒体对此次事件带有一种所谓“言行是否一致”、“法、权到底孰优孰劣”的验证欲和期待感。如今，结果已公之于众。社会、公众、国内外媒体似乎对这样的结果也显得比较满意。我认为，这次事件，无论是从经济学意义还是从法理学意义，抑或是管理学意义上看，都是非常值得重视也值得评论与研究的。

第一，这次事件意味着，以往“民”告“官”那种显然的审判结局已经一去不复返了。在党的十八届三中、四中全会之后，“民”告“官”，“官”不一定赢将成为一种常态。换句话说，只要“民”告到路子上，告在点子上，“民”当然是可以告赢“官”的。也就是说，今后打官司打的乃是一个所谓的“理”字。过去的这个“理”字，往往指的是道理，这显然是不够的，毕竟“公说公有理，婆说婆有理”。但是，今天我们看到的这个所谓的“理”将更多指的是一种法理，乃是天理，是公正、公平和公开的司法，而不是其他。

第二，目前的国际经济学界都普遍关注一个重要问题，那就是什么样的营商环境将决定什么样的企业经营绩效。其实，说白了，目前国际资本跨国界的流动，角逐的已不仅仅是最终的利润，而在很大程度上乃是一种高效的、廉洁的和便捷的营商环境。理想的营商环境到底指的是什么？学界的定论当然有：其一是便捷高效的道路、电信、互联网等基础设施，因为这能降低企业的交易成本，提高企业的交易效率，便利企业、产业的国内乃至全球分工。其二是低廉、高效、便捷的金融和融资环境。其三是高效、务实、廉洁、公正的公共服务。其四是公平、公正的司法和法治环境。因为如果缺乏必要的政府公共服务，企业运营的成本将会无限的高，而公正、公平的法治环境将能给予企业运营、发展良好的产权保护、透明的信息规则和稳定的未来预期。在这四者中，其一、其二是基础，其三关键，其四才是具有更广泛、更基础意义的所谓“法治环境”。此次事件，如果说它有什么经济学意义，或许就是它指出了这四条“社会基础设施”中最为重要也最为根本的两条，那就是：政府与市场的边界有章可循、有法可依；政府提供的公共服务应该体现依法行政、依法服务、规则透明、过程透明的本质特征。

第三，这次事件还向外界或者业界清楚、明白地传递了另外一个十分有价值的信息,那就是无论是在企业经营的过程中,还是在政府进行管理的过程中,全社会都应该充分关注三个主体:其一是市场——调节经济活动的主体;其二是政府——提供公共服务和公共产品的主体;其三是法治——界定政府与市场边界、制定社会规则和制度、保护公平与公正的主体。这三者不可偏废,也不可互相逾越。

(发表于《时代周刊》2015 年 1 月 13 日)

第二章

转型进程“新思考”

银行不良贷款上升是预警，不是危机

2015 年 7 月 31 日，《第一财经日报》披露的消息显示，中国部分地区的银行不良贷款率已进入破“2”时代。消息一出，各种解读的声音随之而来。抱喜者指出，中国银行业暴利时代已经结束，不良贷款率上升似乎昭示着银行业竞争程度的提升，长远看利国利民；而抱忧者则认为，不良贷款超“2”意味着中国部分地区的金融风险上升，值得警惕并采取相应对策。

我以为，现实中的经济问题常常云里雾里，若不拨云开雾，怎能识得“庐山真面目”？

首先，从目前中国商业银行不良贷款的总体情况来看，部分地区不良贷款比率破“2”似乎并不是全国性的普遍趋势。《第一财经日报》7 月 31 日的报道指出，截至 2015 年上半年，诸如广西、云南、贵州、广东、山东、江苏、河南等部分省份的不良贷款率大多接近 2%，而吉林、黑龙江第一季度的不良贷款率分别达到 3.85% 和 3.5% 的高水平。按照中国银行业监督管理委员会公布的数据，2015 年第一季度，中国商业银行的不良贷款率平均为 1.39%。也就是说，中国其他省份的不良贷款率肯定是低于 2% 的水平的。这一事实意味着，如果当前的不良贷款会成为某种程度上的风险的话，这种风险只是一种地区性、局部性风险，而远不是全国性金融风险，因此大可不必惊慌。

其次，从国际层面来看，2% 的不良贷款率也不意味着中国银行业的风险水平达到了所谓的“警戒水平”。根据英国《银行家》杂志援引的数据,2014 年,总资产排名全球 20 强的银行的不良贷款率平均为 3.50%,诸如汇丰银行、法国巴黎银行、摩根大通、法国农业信贷银行、巴克莱银行、花旗银行、法国兴业银行、苏格兰皇家银行、法国 BPCE 银行、桑坦德银行、富国银行等国际知名银行的不良资产率则远远超过 2% 的水平,有的甚至达到了 8% 的高水平。在其中,如果我们进行横向比较就会发现,中国银行业的不良贷款率均大大低于这些国际银行的不良贷款率。

最后,从过去五年中国商业银行业的不良贷款总体发展趋势来看,中国银行业监督管理委员会的数据显示,2011 年为 1.0%,2012 年为 0.945%,2013 年为 0.9725%,2014 年为 1.1325%,2015 年第一季度为 1.39%。也就是说,目前有趋势表明,中国商业银行业的不良贷款率在上升,但总体上仍然处于风险可控的水平。在 2015 年第一季度 9825 亿元不良贷款中,真正的损失性贷款只有 1104 亿元,占不良贷款的比率只有 0.16% 的水平。

对于目前中国部分地区不良贷款破“2”的现象,我以为,应该采取一个客观和乐观的态度来看待。第一,中国现代金融投资渠道日益多元化,无论贷款还是存款,现在都不再是“华山一条路”;第二,民营银行和网络金融快速涌现,传统上存款期限长短和收益率高低正向关联的铁律已经被打破;第三,银行业之间的竞争已成为家常便饭,这标志着中国银行业垄断和暴利时代的结束与市场竞争时代的到来,当然也完全符合全面深化改革的题中应有之义。

当然,对于监管层、银行还有企业界,采取谨慎的态度应对也应在情理之中:对于银行业管理者而言,应该紧密监视这些省份不良贷款的发展趋势,分析和评估不良贷款率成分与风险程度。在这个过程中,还应该特别注意的是,不要“一看到风就是雨”,马上就动用银行监管的相关工具进行直接干预,而应谨慎观察相关商业银行的自身反应,尽可能促使这些商业银行通过市场化的途径化解其面临的风险。只有当相关商业银行无力应对,而风险程度又不断提升时,银行监管部门才可果断出来救市和解围。

对于商业银行而言,应该客观分析造成近期不良贷款率上升的原因，对不良贷款的成分和相应的风险以及相应的应对措施等进行评估，必要时，寻求相关的商业银行、合作银行进行联合应对，只有万不得已时，再请求央行的支援。

对于相关地区银行的服务对象——企业及消费者而言，当然应该谨慎地评估自己的存款和贷款，尽量选择那些能够保本而不是一味贪图利息高、红利厚的投资理财方式。毕竟，中国的企业和消费者大多数是从事生产性的制造者或者依赖工资性收入的工薪族，他们的钱来之不易，当然更伤不起。

（发表于《时代周报》2015 年 8 月 4 日）

创新可贵，还是维旧价高？

我最近读了不少史书，比如佩雷菲特的《停滞的帝国：两个世界的碰撞》，黄仁宇的《资本主义与二十一世纪》《中国大历史》，王国斌的《转变的中国》，彭慕兰的《大分流：欧洲、中国与世界的经济发展》，诺斯的《西方世界的兴起》，迈考·曼的《社会权力的来源》等等，也徜徉在最为现代化的芝加哥、多伦多、底特律等北美几大城市，看看国内外的中国人，比比眼前的外国人，心中不免产生了一种莫名的疑问：国人是真的崇尚“维新”，还是骨子里早就铸就了维旧复古的血液？

1860 年以前，中国人喜欢的往往是旧的东西。比如，四书五经、《易经》、“人之初，性本善”“孔孟之道”“君子之行”、戏曲脸谱、科举考试，如此等等。结果，中国在 1840 以后一连串的帝国主义打击之后，开始明白了“维旧”的代价以及“维新”的可贵。于是，1860 年以后，国人一下子喜欢起了“新”的东西，搞“洋务运动”，引进新式枪炮、新式武器，学习新式技术，准备“师夷长技以制夷”；此后又搞“百日维新”，试图通过变法图强；五四时期，干脆打起了“打倒孔家店，崇尚新思维”的旗帜，追随“赛先生”（science）、“德先生”（democracy）。但是，时至今日，“赛先生”“德先生”似乎并没有在东方古老的中国扎多少根，发多大芽。这让人不禁要问:空喊创新有何用?

在中国革命的道路上,情形似乎也是如此。中国人先是崇尚君主立宪,后来听从马列主义言行,接着再走共产国际的路线,接受其领导,听从其派遣。结果,中国革命暂时没有成功,而是走向了长期的挫折与磨难。接着,国共合作、抗日战争、国内战争,在这一过程中,国人逐渐认识到了“维新”的不一定是适合中国的,而“维旧”的也不一定就是不好的。毛泽东借鉴了苏联在城市武装革命的道路,结果遭受了挫折,最终结合中国国情,提出了“农村包围城市,武装夺取政权”的革命道路。此后,中国革命走向了胜利。

新中国成立以后,中国人建立了独立自强的人民共和国,一切似乎都是“新”的,新的政府、新的人民、新的领导、新的同事。但是,人民共和国的很多管理办法仍然是“旧”的、“老”的。重化工业战略相对于世界而言是“旧”的,但相对于中国而言却是从苏联引进过来的“新”的东西;户籍制度是“新”的,但却带着明清时期就存在的“保甲制度”的历史痕迹;中国建立了很多共和国所有的“新的大学”,但实行的考试形式却是早在隋唐以后就实行的科举考试科目的某种翻版;再后来,“部长”“省长”“县长”“乡长”“村长”“厂长”“科长”“组长”等十级行政级别和科层体制稳固地建立起来,这些名称看上去都是“新”的,但其实质却和历史上的官分九品、人分九流没有太大区别。

改革开放以后,各地都在新建、扩建、引进新式的工厂、大楼,启用“有限公司”“集团公司”“股份公司”“总经理”“总裁”“总监”等新名词,但事实上有些老总的骨子里流淌的还是“一品”“二品”“三品”“一流”“二流”“三流”那些古老的血液。不少部门、组织的门外、墙外都挂起了“创新”“求实”“改革”“进取”等偌大的标语,更有不少组织、学校、单位盖起了新的大楼、新的校舍,就连楼外的大树也换成了崭新的草坪、新式的喷泉,但大楼内部的管理、人事、规章却并没有太大的实质改变,有些甚至也不想做创新式的变革。

没有到过中国的外国人都在说,中国是一个具有五千年文明史的国度,他们感觉中国是特别的古老、特别的陈旧、特别的大度、特别的神秘。但是,到过中国的老外都说,中国的一切都是新的,大楼、道路、楼梯、家具、汽车、电器、工具等等，都是新的。然而，他们与中国人一谈话就发现，中国人脑子里装的东西有很多仍然是旧的、老的，什么“言多必失”“少说多做”“察言观色”“见风使舵”“夹着尾巴做人”“明哲保身”“出头的椽子先烂”“枪打出头鸟”“见人说人话，见鬼说鬼话”，如此等等。

没到过外国的中国人都会猜测，外国的一切都应比中国的更新，包括新的大楼、新的汽车、新的家具、新的用品等等。但是，中国人到了国外才发现，即使是最年轻的美国，它的大楼、地铁、街道、楼梯、家具甚至比中国的还要古老。可是，一同他们谈话，就会发现，他们的脑子里装的却是开放而不是封闭、创新而不是保守的思维。地铁上、火车上、飞机上见到的美国人大多捧着书在阅读，而一些中国人却在大声地聊天或者议论不休。

想着想着，我不禁感叹地发问：中国人到底是崇尚“创新”还是“维旧”？我在迷惑，也在纳闷。尺度宽广地比，历史纵深地比，微观宏观贯通地想，之后才悟出以下几点：

第一，中国人喜欢的往往是外表的、外在的“新”，但内心里、骨子里流淌的还是“古老祖先的血”。洋务运动的时候，不少人叫嚷着要维新，可是学到的仅是皮毛而不是实质。百日维新的时候，皇帝叫嚷着维新，但太监、宦官、皇后却坚持维旧，结果维新失败了。五四运动的时候，国人想“打倒孔家店”，叫来“赛先生”“德先生”，但“赛先生”“德先生”没来，“孔先生”却依然影响着国人的行动与思维……

第二，中国在内心里一味地“维旧”的时候，就有复古、回退、经济落伍的可能；而当中国发自内心地高唱“维新”的时候，就有创新、前行和经济发达的希望。历史上的例子很多，前者的例子如明、清，后者的例子如唐、宋。眼前的例子也多得不胜枚举。总书记、总理天天在讲创新，但是一些官员、政府、基层公务员怠于身体力行地践行创新精神。难怪温家宝总理2008年答“两会”记者问时发出那样令人深思的感言：“天变不足畏，祖宗不足法，人言不足恤。关键的是，如何解放思想，勇于创新。”

第三，让中国人在口头上高唱创新容易，但要在内心里动摇他们古老的信念、千年一律的习惯做法却实在不容易。国人常常向外人述说祖国的古老、祖国的灿烂文化，但岂不知灿烂文化要想长久生存，就必须与时俱进，与时代同行。在过去的几个世纪里，别人在前行，而我们却“躺在历史的被窝里睡大觉”。当下，即使我们快步前行，别人也并没有止步不前，而且国内对改革继续前行的阻力依然不小。

看来，解放思想、勇于创新并不是一句空话，而是一个沉甸甸的历史与现实的话题。在改革开放之初，共和国老一代的领导人就语重心长地说过这样的话。如今，改革开放已逾三十多个年头，共和国新一代的领导人又多次反复告诫国人：解放思想，勇于创新，永不僵化，永不停滞。可见，在几千年的历史长河中，要在口头上高唱创新可贵容易，而要在行动上推行创新却的确不易。

“不该市场化的”市场化有什么可怕的？

什么叫做“不该市场化的”？

在经济学中，“不该市场化的”就是那些任由市场自由调节，仍难以满足社会需要的产品或者服务，如打假、应对污染、清扫马路、提供公共图书馆；或者说，虽然这些产品或者服务可以由市场提供，但如果这么做就会出现价格的大幅度上涨，结果人民的生活成本就会大大上升。想象一下，在收入给定的情况下，生活成本不断加大，其结果就是老百姓的不满意度上升，严重的，社会的不稳定程度就可能上升。这就是世界上的绝大多数国家并没有对那些不该市场化的部门进行完全市场化的一个重要原因。

医疗服务具有公共产品或者服务的性质

医疗服务事关老百姓的生老病死，事关社会的长期稳定与安宁，因此世界上很多国家的医疗服务并没有完全实行市场化改革，比如美国。老百姓去医院看病，不管你有没有保险，通常都是先看病、后付钱。所谓的“后付钱”并不是你看完病马上就让你付钱，不付钱就难以离开现场，而是在你看完病之后，你就可以直接回家，在此后的一两个月之内，你家的信箱里就会出现催促病人付款的通知单。如果你是有保险的，在看病的当时，医院就会问你要医疗保险号，然后会自动从你的医疗保险账户中扣除看病的费用。假若你没有保险，并且你暂时也不想付款，于是你家的信箱就会一而再、再而三地收到医院的催款通知单。假若你真的付不起这个看病的钱，那么你只要拨打催款通知单后面的政府公共救助电话，给相关的部门提交一个家庭年收入低于美国规定收入的证明，一个专门的公共或者非营利性的组织就替你埋单了。可以想象，如果这样的医疗服务市场化了，哪里还会有看不起病的人仍然能得到医疗服务这种事情出现？

教育怎么能实行完全市场化？

教育也是一个不能完全进行市场化改革的部门。因为教育也是一种颇具公共产品性质的服务，一旦完全进行市场化改革，就会由于需求大于供给而出现价格的普遍上涨。这样，那些家境贫穷、付不起学费而又想上学的人就上不起学了，于是教育就变成了某种程度的私人物品。结果，只有那些相对有钱的人才能上学，这个当然是不利于社会的长期可持续和健康发展的。

美国大学教育完全市场化了吗？

在我说完这个例子以后，也许有人会拿着美国高等教育那么多民营化的例子，说教育当然可以民营化，并且他们也的确民营化了，美国90%的高校不是民营的吗？他们不是也做出哈佛大学、普林斯顿大学、耶鲁大学等世界上最著名的大学了吗？那又该怎样解释这个现象呢？提到这一点，我想就该把问题说透了。

在美国，涉及类似于公共产品的中小学教育服务，绝大多数的机构都是公立的。可是，为了增加一定的市场竞争，美国政府同时还允许一些民营的中小学进入市场，与公立学校展开竞争。但是，对于类似于公共产品的教育服务而言，美国政府就毫不含糊了。比如，每年有数以万计的国外研究人员来美国从事研究，他们的子女教育该怎么解决呢？当然是和美国人一样，因为既然你接受外国人在美国从事研究工作，那就得接受他们的子女来美国读书上学，并且收费也和美国人一样。比如，芝加哥大学附近有好几个公立学校，都是免费的。但是，如果你想进杜威创办的芝加哥大学实验小学，那就得交纳每年3万—5万美元的学费，不管你是谁都是如此，因为那是全美非常好的私立小学。奥巴马在当选总统以前，他的两个女儿就读的正是那个学校。不过，芝加哥大学对于自己教工子女在那里读书还是给予一定的学费折扣的。

我们再看看美国的大学教育吧。由于大学教育不是义务教育，其提供的教育服务已经在很大程度上不是完全的公共产品了，所以美国开始实行市场化收费。但是，这个收费也并不是“一刀切”，而是计划与市场相结合。比如，有一个基本的原则，那就是对于公共产品性质较强的一些大学的教育，收费就很低。美国有1200多所社区大学。所谓社区大学，就是社会上绝大多数人都有需求，并且有意愿获得与工作技能相关的教育培训的服务机构。这些大学分布在美国的社区中，为那些正在工作的、退休的或者专门上学的人提供各种各样工作中的技能培训与教育。这类学校提供的服务在很大程度上类似于某种教育公共产品，且距离学生的家很近，所以收费非常低，通常只有公立大学的一半左右，主要目的就是解决广大老百姓对教育这种一般化公共产品的需求问题。

除了这些社区大学之外，美国每个州政府都有几所公立大学。比如，加州政府下面就有11所加州大学，每个都是很强的研究型大学。根据美国最新的教育统计，全美大约有1700所公立大学，这些大学的收费就比社区大学高很多，一般是社区大学收费的两倍左右，这些都是由州政府提供资金的。另外，对于那些与公共服务距离较远的教育服务项目，美国就允许它们进行完全的市场化经营。比如，哈佛大学提供的是开创性研究和最好的精英教育，当然可以实行市场化收费；芝加哥大学提供的是创新性、研究性教育，其学费同样高得吓人。这类大学在美国的总数有2670所左右，其中又划分为营利性的和非营利性的两类,前者有 1000 多所,后者有 1600 多所。①

从美国中小学和大学的教育体系来看,我们仍然发现,对于那些类似于公共产品的教育服务,美国也在很大程度上实行了非市场化的经营,而对于那些距离公共服务产品较远的教育则实行了较大程度上的市场化经营。这就说明,在我们对一些公共服务进行市场化改革并予以提供的时候,有一点是必须考虑的,那就是这类产品是否具有公共产品的性质,公共产品的性质越浓,就越不能实行完全的市场化,否则就很可能影响社会的公平、正义乃至稳定。

高速公路有公共产品的属性

美国的高速公路、州际公路等也没有实行市场化经营,原因是美国人认为公路体系具有很大的公共服务性质。亚当·斯密早在 1776 年出版的《国富论》中就明确提出,提供公共安全、交通和基础设施、国防、保安是政府义不容辞的义务。以后各国政府在很大程度上都秉承了这一传统,对公路、基础设施等实行非市场经营。比如,你驾车横跨美国,全程的收费总和可能不会超过 10 美元,这是为什么呢?这主要是因为这些公路是公共产品,既然是公共产品,就不能实行市场化收费,而几乎完全由联邦政府、州政府用纳税人的钱修建。于是,这个国家老百姓、企业、机构进行市场经营活动、公共活动,进行跨区域之间贸易的成本就会大大降低。更进一步,国家内部的省份、城市、政府、企业、个人就会在一个更广阔的范围内展开竞争,国家内部的自然资源、技术、人才、产品、半成品、观念等就会更加充分地流动起来。这样,全国的生产效率、经营效率就会大大提高。同时,腐败程度也会大大降低,因为 A 地企业假若面临政府的公共服务歧视,企业就会搬到 B 地,用不着给官员贿赂。社会不平等程度也会降低,因为在生产要素、产品、技术和观念都充分流动起来的时候,少数人的垄断就很难奏效。对社会而言,这当然是非常好的一件事情。

---

① 相关数据引自美国教育科学研究院国家教育统计中心,http://nces.ed.gov/programs/digest/d08/tables/dt08_265.asp。

“不该市场化的”公共产品或者服务市场化会有何后果？

说了这么多，现在我们回过头来总结一下，从反面看，如果那些“不该市场化的”公共产品或者服务被市场化以后，到底会出现一些什么样的后果呢？

首先，这些公共产品或者服务的价格会较快上涨。公共产品或者公共服务背后隐藏的一定是巨大的需求，在这种无限需求的条件下，私人提供公共产品或者服务的结果必然是价格的上升，否则他们的积极性就会下降，这与他们的逐利本性是相互矛盾的。就拿我们国内的公共交通来说，过去公路供给不足，交通出行很难。在这个过程中，政府采取了市场化的办法修建高速公路，各个地方的政府也仿效市场化的做法兴建各种收费公路。成绩当然是非常喜人的，因为原来人们难以出行，而现在可以方便地出行了，尽管出行的成本提高了很多。

其次，公共产品或者服务由私人提供以后，在某种程度上就变成了部分的私人产品或者服务，这种产品或者服务对全社会的效用就会大大降低。同时，由于价格的上涨，只有那些富裕的人或者有钱的家庭才能用得起这些产品或者服务，所以容易在社会上形成一种身份歧视，或者是所谓的不平等现象就会加剧。比如，医疗服务实行市场化以后，所谓的平民医院、豪华医院、高级医院就出现了，于是社会上就容易出现嫌贫爱富的现象，身份序列制可能会更加明显。

最后，通常而言，提供公共产品或者服务乃是政府的天职，可是在这些公共产品或者服务被市场化以后，政府应该扮演的积极作用就变得不明显了。在这个过程中，也许有人会说，只要有人愿意提供公共产品或者服务，那何必还管政府是否发挥作用呢？此言差矣。原因是，本来政府提供公共产品或者服务乃是其天职，可现在政府不提供，而变成了私人提供，私人就必然要求获得高于市场的价格作为回报。那么，政府怎么样才能保证私人有较高的回报呢？很简单，就是实行市场准入。那么，又如何进行市场准入呢？在公共产品或者服务都能市场化的前提下，准入通常表现为一定的金钱或者特许费等。其结果是，在这些特许费和金钱支付的准入下，私人提供的公共产品或者服务的价格就会更进一步上涨。于是，政府在某种程度上就变成了既是运动员又是裁判的市场参与者和竞争者，使得政府在老百姓心目中的形象变差，社会公平会进一步丧失。

最可怕的结果是得不偿失

其实，在这些后果中，最有害的还不是公共产品或者服务价格的上升，因为价格的上升最终都可以由老百姓承担，看起来这个危害并不大，就好像提高价格只会使卖方收益、买方受害一样。可恶的是，它会引起老百姓的生活成本较快上升，导致大家对政府、对社会的不满。更加有害的是，除了价格提高，公共产品或者服务的效用得不到有效发挥之外，社会上的群众由于贫富的不同就自然出现了分离，一部分人成为有钱人，另一部分成为穷人，与之相关的身份歧视、消费差别和观念差别就会很快形成。最可怕的就是，人们会将所有这一切负面影响与政府联系起来。其实，这也是不太科学的，政府为了改善大家的福利，为了解决交通出行，为了解决大家看病难、看病贵、上学难、上学贵问题，对这些部门进行了市场化的改革，可是改革的结果是，看病难、看病贵、上学难、上学贵问题似乎并没有完全解决，倒使大家好像更不满意了。你说政府亏不亏？

公共产品或者服务的市场化需审慎、良序、差别化推行

在我看来，政府很亏。那么，到底亏在哪里？提供公共产品或者服务乃是政府的天职，既然收了大家的税，那就应该好好地提供公共产品或者服务。在这个过程中，政府当然要区别对待，对于那些由市场提供，有助于改善公共产品或者服务现状，但却有害于政府形象、有碍于社会公平正义和经济长远发展、有害于价值判断的公共产品或者服务，政府就绝不能让市场做，而是要由自己做。退一步讲，如果政府限于自身财力，想提供但却没有能力提供一些公共产品或者服务，也是可以市场化的。但是，千万不要忘记一点，那就是首先制定好与社会公平正义、经济长远发展相一致的、公平公开的市场监管的游戏规则，画出企业经营不能逾越的红线，甚至对公共产品或者服务的价格实行严格监管,绝不能被市场“俘获”,成了企业的“俘虏”,任由企业定高公共产品或者服务的价格。否则,政府很可能一开始种下了一片希望,而最后收获的却是一堆跳蚤,干了一件亏了大本的买卖。

(发表于《经济学家茶座》2013 年总第 59 辑)

中国城乡居民消费增长为何受阻?

在过去的这些年,国内消费不足似乎常常被人们提起,并被公认为出口、投资之外推动中国经济发展的“三驾马车”之一。可是,只要出口、投资这两架“马车”仍然能顺畅地运行,恐怕就很少有人愿意真正谈论并触及这第三架“马车”的重要作用。道理很简单,当绝大多数政策与制度制定者、企业、政府官员、老总、管理者、工人甚至学者都形成了一种“出口、投资就是行”的思维惯性以后,要想再提起“国内消费或者内需重要”这个问题,就必然要面临诸多的制度障碍与观念樊篱。

首先,从当前出口、外贸和消费三者的关系来看,过去三十多年所形成的一系列差别化的招商引资、财税、融资、产业政策等已经运转得非常有效。可以想象,在此基础上,绝大多数的企业重视出口而不重视内销,政府重视外资、国有企业而不重视民营企业的局面还将持续相当长一段时间。在这样的条件下,国内的消费要想在短期内启动并对经济增长发挥较大作用恐怕还尚需时日。

比如,从招商引资的角度看,国有企业、外资企业由于财大气粗,对地方经济的 GDP 和就业贡献大,所以往往会受到全国各省、市政府的青睐。结果,地方政府纷纷拿出各种招商引资的优惠政策来吸引它们投资。相反,民营企业、小微企业由于没有这些优势,面临着用地、经营、税收无优惠等方面的“非国民待遇”。从企业融资的角度看也是如此,外资企业有外国资本作为融资担保,国有企业有国有银行作为融资后盾,可是民营企业多年来一直面临的融资难问题直到现在还尚未完全解决。再如,现有的出口退税政策恐怕也是鼓励企业出口产品到国际市场,而不是同等程度地满足国内市场的需要,相反,那些从事内销的企业却得不到这样的税收优惠。其结果是,国内消费很难真正扮演与出口、投资同等重要的作用,而所谓的扩大内需也就面临着很多挑战。

其次,当前国内的边际消费倾向与发达国家甚至发展中国家相比,存在很大差距。近年来,中国消费占 GDP 的比重一直维持在 47%—49%,远低于发达国家 70%—90% 的比重,也低于很多发展中国家平均 55%—75% 的消费水平。我们更关注的是,哪些具体的制度因素在制约着中国的消费增长格局?

(1) 从农民这一消费主体的角度看,中国长期存在的城乡二元结构尚未完全解除,在此基础上所派生出来的户籍、土地和人口流动政策与城市化政策,也只是部分地解决了一部分农村人口的收入增长问题,而远没有解决这部分农村人口的消费能力问题。我们常见的经济发展进程中由于人口向城市的自由迁移所带来的城市化率攀升,以及由此带来的消费能力的巨大提高,在中国也只是得到了有限程度的释放。

(2) 从现有社会保障制度的角度看,当初国家在给予城市人口社会保障的同时,却暂时忽略了农村人口的社会保障问题,后来则干脆将之作为另外一套专门的新农村合作医疗社会保障体制进行建设。可这样做的结果却是,固化了本已存在多年的城乡二元结构,为将来建设的城乡统筹、相互统一的社会保障体制带来了很多麻烦。对于那些常年在外打工的农民工来说,这种跨地区报销、看病网络很难顺畅贯通的“新农合”就很难真正发挥作用。其结果是,即使农民的收入不断提高,他们也不敢轻易消费。

(3) 从农民养老这一角度看,尽管年轻的子女纷纷进城务工,有能力的子女通过考学和参军脱离了“农门”,但他们仍然有为父母养老送终的责任与义务,“远水不解近渴”的忧虑仍然是很多父母心头永远的痛。加之目前中国农村养老机构的发展相对落后,仅有的养老服务价格还比较高,这恐怕也是影响农民及其子女消费能力提升的一个重要原因。

(4) 从城市居民这一消费主体的角度看,虽然他们并不面临与农民同样的问题,但日益高涨的住房、生活、出行、教育、看病、养老等支出,也日益成为制约城市人口消费的重要因素。就拿教育制度来说,现在全国绝大多数的城市教育资源都是按照户籍人口进行配置的,由于户籍人口大多集中在城市中心区,所以好的、优质的教育资源基本上配置在城市中心区。可是,近年来,很多城市郊区得到了很快的发展,外来人口大量导入,加之不少户籍人口也出现了人户分离,而教育资源的配置却大大落后于人口和经济的发展速度,难以较好地满足城市居民不断增长的教育需求。在这样的条件下,"择校费""走读费"等名目繁多的对优质教育资源的角逐形式抬高了每个家庭教育支出的长远预期,这当然也在一定程度上制约了城市居民消费水平的提高。

(5) 从城市医疗、养老和社会保障制度的角度看,现在的医疗社保体系基本上只覆盖一些小病或者不太大的病,而并不包含对各种大病、重病的医疗保障问题。对于一般的家庭而言,这种风险始终存在,一旦有家庭成员患了这种大病或者重病,很可能就会威胁到整个家庭的生活和工作。尽管部分家庭可以通过保险或者集资等方式解决这个问题,但也恰好说明这仍然是阻碍城市居民家庭消费的最大制约因素之一。

(6) 从城市基础设施与公共产品和服务提供制度的角度看,目前这些产品和服务的提供大多已经采取了市场化的改革。按理说,每个市民都是纳税人,既然是纳税人,就应该免费或者低价享受图书馆、博物馆、体育场馆、道路通行等城市基础设施与公共服务。可是,在这些基础设施与公共服务市场化,特别是垄断供给面前,市民们根本没有任何讨价还价的能力。虽然大家会经常看到各种各样的价格听证会,但各地的水价、电价、煤气价、油价、公共交通车费、出租车费总会在合理调节基础设施、公共服务或资源价格的名义下,一个跟着一个往上涨。很显然,在这么快的成本支出“追跑”的情况下,城市居民哪还敢贸然扩大自己的消费?

(7) 除了以上农民与市民所面临的诸多制度难题外,如果仅仅从消费领域角度看,也存在许多值得研究与思考的问题。比如,由于目前国内的进口关税和消费税制度与国外存在较大差异,所以国内一部分奢侈品消费在很大程度上受到抑制,导致很多人在国外实现相应的消费。据估计,中国人每年在境外完成的奢侈品消费金额数倍于国内市场销售,其中的原因何在呢?我以为,主要原因恐怕与国内进口关税、消费税过高存在很大关系。据了解,目前,高档奢侈品要进入中国市场,一般都要交纳6%—18%的进口关税、17%的增值税以及30%的消费税。这样,一件奢侈品进口到中国国内市场的成本加成就要达到约CIF价格80%的水平。其结果就必然会导致国内相同奢侈品的价格高于国外,如约高于法国72%,比美国高51%,比香港高45%。

以上所列的这些阻碍中国城乡居民消费的制度障碍可能还很不完全,我的分析也可能不完全准确,但有一点是清楚的,如果我们不认真梳理并逐步清除这些阻碍中国城乡居民消费增长的制度障碍,扩大内需、促进消费总会“风声大,雨点小”,从而流于形式。

可喜的是,2012年5月23日,温家宝总理在主持召开的国务院常务会议上就提到了九个方面的“稳增长、促消费”的改革举措,比如落实企业减税、金融支持实体经济、扩大内需、促进消费、加大惠民工程、落实重大项目、鼓励民间投资、稳定出口、落实惠农富农政策、严格实施房地产市场调控等。从这些政策涉及的内容可见,扩大内需、促进消费显然是重点。可以想见,与此相关的制度措施也将会逐步出台。对此,我不仅乐见之,而且更期待它们能够早日得到落实。

(发表于《东方早报》2012年5月30日)

也说"八项规定"与国内消费

最近，中央关于改进工作作风的"八项规定"成为舆论热议的话题。其中的"厉行勤俭节约、反对铺张浪费"的要求会否对本就不景气的国内消费形成不利影响？

这一关注并非没有道理，因为它的确反映了消费领域存在的一些现实问题。

比如，2012 年 12 月下旬，根据中央的"八项规定"，浙江省提出了党员干部在元旦和春节期间的"六个严禁"，即严禁用公款搞相互走访、送礼、宴请等拜年活动；严禁滥发钱物，讲排场、比阔气，搞铺张浪费；严禁超标准接待等。

这些严禁的内容大多属所谓公务消费或者公款吃喝一类。既然是公务消费，那么完全可以推断，随着"八项规定"和地方类似规定的落实，一些地方的年终消费会受到影响。事实看来正是如此，如浙江省宁波市一些政府部门已纷纷取消了原定在很多高档酒店举行的团拜会、答谢会、总结会之类的活动，让很多酒店遭遇退单，损失不小。想一想，如果全国各地都执行类似的规定，必会对全国的公务消费进而对内需市场造成一定影响。

以 2011 年的数据为例，作简单测算就更能发现，这种说法背后有一定的合理成分。

截至 2011 年 9 月底，中国内地共有 2854 个县级行政区划单位，40906 个乡级行政区划单位。根据国家统计局的数据，截至 2011 年底，内地共 13.4 亿人口，当年 GDP 为 47.2 万亿元。如果按照 2011 年居民与政府消费 72.16∶27.84 的比例进行计算，我们会发现，2011 年，中国内地每个乡级行政单位的平均消费额为 2.5 亿元，每个县级行政单位的平均消费额为 36.1 亿元，这分别相当于 9964 个居民和 14 万居民的全年消费额。可以想象，如果政府的公务消费由于"八项规定"而受到 10% 的影响，很多企业的营收，进而很多人的就业就会被影响到。

但是，事实上，这样的推算经不住经济学家的细致拷问。

首先，中央"八项规定"中有关"厉行勤俭节约、反对铺张浪费"的要求，如果说对各级政府的公务消费进而对国内消费有负面影响，那也只是一种机械或教条的说法，而远未考虑到政府消费内部本身存在不同结构这一因素。

因为中央反对的消费并不是政府正常的公务活动和必要的日常开支，而恰恰是那些年终的铺张浪费以及必要的公务活动之外的超标准宴请、送礼、超规格接待等额外消费。换句话说，由政府的正常消费以及必要开支所导致的公务消费并不会因此而减少。

比如，政府一般会采购办公用品，这些办公用品的消费并不会因为"八项规定"而受什么影响。因此，公允地说，如果说"八项规定"会影响政府消费的话，那也顶多只会影响政府消费中的超标准消费这一块，而不会影响政府的正常消费。因此，从理论上看，厉行"八项规定"并不一定意味着政府消费总额的大幅减少。

其次，从浪费性消费与生产性用途的消费、政府消费与居民消费之间的关系来看，如果正常的政府消费不受"八项规定"的影响，而仅是那些超额消费、超标准消费受到影响的话，那就意味着政府的这部分消费只会转而投向那些具有生产性用途的消费上来。

比如，政府如果将原先铺张浪费的钱投到帮贫助困活动中，投到落后山区的学校用于购买教学设备、图书中，那就会带来贫困人群的福利改善，就能给予山区的孩子一个成就梦想的机会。又如，政府如果将原先用于超标准吃喝或送礼的钱用于修建贯通城乡的道路，那很可能就会改变一个乡村或者一个县城人民的命运。这意味着，如果政府将铺张浪费的消费转移到生产性用途上，那不仅会诱发更多的居民消费需求，而且还能为政府赢得尊重与公信力。

退一步讲，政府也完全可以将这部分钱赠予那些需要帮助的人，如失学儿童、重病家庭，那么政府的这部分消费就将转为居民的消费。其结果是，这部分财富的效率会提升。

最后，以逆向思维分析上文 2011 年政府消费与居民消费的对比，我们还会获得一个如何扩大内需的重大发现。

人们常说，国内消费不畅，内需不振，其实这话说的乃是居民消费不振，而不是政府消费不振。国家统计局的数据显示，改革开放之初的1978年，中国居民消费占全社会最终消费总额78.6%。三十多年来，居民消费总量不增反降，到2011年这个数字降为72.16%。与此形成鲜明对照的是，1978年政府消费占总消费的比重为21.4%，而到2011年却上升到27.84%。

另外，上面所举的例子，即中国每个乡级行政单位、每个县2011年的平均消费额分别相当于9964个居民和14万居民的全年消费额，恰恰说明中央的“八项规定”以及各地方跟进的类似规定，对扩大国内消费，特别是居民消费将有十分重大的理论和现实意义。

我们不妨顺着这个思路作简单测算。假定2011年政府的超标准消费比例占政府消费总额的10%，这样，如果“八项规定”等能达到抑制超额公务消费、刺激居民消费的目的，每个乡将有近1000名居民、每个县将有1.4万人的消费需求可能被“解放”出来。因为在新情形下，一个乡的消费只相当于8964个居民的全年消费额，一个县的消费只相当于12.6万居民的消费额，这意味着政府对百姓的负担在减轻，当然是一个令人皆大欢喜的结局。

综上所述，我认为，不仅应该热烈欢呼“八项规定”的出台，而且更应该为“八项规定”的贯彻与落实提供必要的智力和制度支持。

（发表于《东方早报》2013年1月18日）

生产和生活成本过快上涨隐含多重风险

“成本”是经济学中一个十分普通的概念，它指的是企业利润最大化或者消费者效用最大化的一个约束条件。在教材中，成本上升的情况下，预算线就回移，意味着企业或者消费者面临的选择集合会缩小，这样决策的自由度就缩小，利润或者效用水平就降低。这个结论是我们纯粹进行理论推导的结果。现实世界中的情形要复杂很多，并且带来的结果也可怕很多。

比如，满足老百姓生活的商品有很多，有的商品涨价，对他们生活的影响并不大。比如，航空燃油涨价，对一般老百姓的影响就不大，只会影响那些乘坐飞机的人。香烟涨价只会影响那些抽香烟的人，对于那些不抽烟的人来说，涨不涨价好像跟自己的关系不大。从经济学上说，这的确也没有那么可怕。因为消费者个人都有一个有力的应对机制，那就是相机抉择。即如果香烟涨价，就少抽烟，用多消费那些不涨价的商品来替代那些涨价的商品。这样，消费者就可以通过替代效应，替代那些涨价商品的消费，因而其效用水平受到的影响就受到一定的限制，不会带来很大的效用损失。同样的道理，当某种生产材料涨价时，厂商也可以通过相同的替代效应，减轻涨价物品给厂商带来的成本压力。

可是，当生活中那些重要的物品涨价，或者绝大多数物品全面涨价的时候，无论是消费者还是企业的状况都会大幅度恶化。弗里德曼将绝大多数物品同时涨价的情形叫作“通货膨胀”，并将这种现象与货币的超额发行联系起来。其实，不见得生活中的所有涨价现象都与货币的超额发行相关。现实生活中的很多通货膨胀，其实都与成本推动型通货膨胀相关。什么是成本推动型通货膨胀？就是由于生活必需品，比如柴、米、油、盐、酱、醋、茶等，以及生产投入所用的基本物资，比如钢铁、水泥、砖瓦、电力、供水、交通、道路通行、汽油、柴油、煤炭等物资的价格上涨，推动社会上其他相关物品的价格普遍上涨的现象。

有人也许会说，跟老百姓生活密切相关的生活用品、跟生产密切相关的基本投入品就是要进行市场化改革，因为不改革，个体户和企业就没有生产和经营的积极性，因此就会出现生产短缺。可是，如果进行市场化，那就意味着个体户、厂商经营利润空间的上涨，这些物品的价格随之上涨，因而会带来其他商品的价格上涨。结果，老百姓获得了自己想要的物品，可是他们付出的成本却大大增加了。的确如此，当生活必需品、基本的生产资料市场化以后，如果政府不监管，通常的情况就是这些物品的价格上涨。这也是我们看到的基本事实。改革开放以来，中国人的工资和收入水平上升了很多倍，可是物价也上升了很多倍。于是,就有人嘲讽地说:“房改之后买不起房,教改之后上不起学,医改之后看不起病。”虽然这话说得有点夸张,但它的确反映了一个基本的事实,那就是市场化绝不是政府不作为,市场化意味着商品和服务的价格完全由市场去调控。

政府不积极作为的市场化会导致很多严重的后果:

第一,当绝大多数商品的价格都上涨的时候,无论是消费者还是厂商都面临着硬预算约束问题。由于他们无法通过商品之间的有效替代来减轻自己受到的损失,因而预算约束线平行回移,效用水平和利润都会受到挤压,整个社会的福利状况就会严重减少。

第二,在这种利润受到挤压的情况下,厂商们会联合起来,或者以密谋的形式,串谋涨价。在相互串谋的厂商面前,消费者尽管人数众多,但力量分散,不攻自破。最终,消费者就成了厂商“餐桌上任人宰割的牛羊”。

第三,更加严重的是,这种没有人监管的厂商串谋会像得了毒瘾一样一发不可收拾,并在厂商之间流传开来。A 行业的厂商通过这种方式尝到了甜头,B 行业的厂商也会纷纷仿效,于是整个经济体就会陷入串谋与涨价的疯狂中。

第四,厂商之间的这种串谋给那些老老实实做生意、本本分分做人的企业很坏的模范带头作用。他们发现,与其老老实实地做生意,还不如搞些歪门邪道,钱来得快、来得轻松。这样,市场上就会出现“劣币驱逐良币”的逆向淘汰。这对全社会经营环境、经商环境、社会环境的影响是非常恶劣的。

现在的中国在某种程度上似乎向着这方面发展。老老实实做生意的人,赚到的利润微薄;而一些搞歪门邪道的人,钱大把大把地赚。这到底是怎么回事?主要原因就是,我们该监管的没有监管,不该监管的却管得太多太死。

首先,对于与老百姓生活、生存密切相关的衣食住行等生活必需品而言,政府必须进行严格监管。比如,大米市场的大米要进行分类,社会上绝大多数人吃的中等水准的大米绝对不能涨价,因为这类似于国家的战略物资,是老百姓生存的必需品,其价格必须被控制在老百姓能够接受的范围内。相反,对于中等水准以上的大米,政府就可以完全放开价格,实行市场化经营。因为即使这类产品价格较高,也只会影响少部分人。

依照同样的办法,房子也可以分为很多类:一类是保证生存用的廉价房、生存房,质量一般,社会上的绝大多数人有能力购买,处于他们的承受范围之内。另一类是豪华房,价格可以完全放开,政府没有必要去管。因为即使这类产品的价格出了问题,受影响的人群有限,对社会的稳定也不会带来多大危害。

其次,那些走歪门邪道、不老老实实做生意的人的行为没有得到有效制止,而那些老老实实做生意的人却没有得到应有的帮助。

比如,我们几乎每天都会收到一些诈骗的短消息,为什么这样的行为得不到有效遏制呢?这是谁的错?有人说,这是电信公司的失职。从一般的情形来看,这类保护产权、维护市场公平和市场秩序的行为还是由政府来实施更加高效。又比如,温州的那些中小企业急着用钱,目的是什么?主要是发展与经营制造业。我记得十多年前北京大学的徐滇庆教授就开始研究中小民营银行的可行性了,可是直到今天,真正的中小民营银行才开始试点。再比如,房地产市场在当下的中国是一个暴利的行业,房地产的价格在很长时间以来没有得到很好的监管。于是,这个行业便成了吸纳巨额资金的场所。从经济学角度而言,这个暴利的行业为什么能吸引足够多的资金进入呢?主要原因是这个市场的进入不自由,土地被控制在少数的大企业手中。这样,在有限土地的供给面临着很多竞争的情况下,价格就只能上涨,于是房价也会跟着上涨。我认为,政府其实可以出台一个政策,就像古代用粮食换盐的做法一样。房地产商不是要开发房地产吗?行,那么开发一定面积的商品房,就必须提供给社会一定比例的廉价房,而且这些廉价房由政府低价购买,并给社会上的绝大多数人住。比如,开发100万平方米的商品房,就必须提供50万平方米的廉价房。我想,只要这个政策一出台,目前房地产市场的很多乱象马上就会好很多,同时社会上很多无钱购房的人也能看到买房的希望,这样社会的公平性就增加。

最后,对于那些提供的产品或者服务具有很大的公共产品或者服务性质的企业而言,政府应该大力鼓励它们进入行业,给予经营许可,让它们为社会、为人民做好事。比如,愿意到中西部去办教育的人,无论是办基础教育还是高等教育,只要这种教育带有一定的公共产品或者服务性质,就应该大力支持,给予一定的政策优惠。再比如,有人搞慈善捐款,这也可以放行。有人愿意到三北地区去治沙固林,这当然可以放行,给予其很大的政策支持和资金支持。有人也许还愿意办理污水处理厂,这也没有问题。有人愿意搞假冒伪劣商品鉴别与防治,这也可以去搞。当然,这并不是说政府只要放行就行了,也要实行有效的监管,目的是防止那些人打着慈善、公益、公共产品等名义去干坏事。

现在的中国,就是到了这样一个阶段,很多该办好的事情,结果没有办好;很多不该监管的,结果监管得很厉害。结果,社会上就出现了越来越多不干事的人,为什么?因为拼死拼活也赚不到钱,而不拼死拼活、走歪门邪道的反倒赚了很多钱。在经济学上,这叫作“非一般均衡”,是一个不稳定的状态。但是,如果我们看不到这一点,不采取一些公平的、中立的、公正的制度和政策应对这些问题的话,这个局面就可能成为长期的不均衡。这对于国家没有好处,对于我们正在建设的社会主义事业也没有好处。一些对经济学别有用心的人反而用这些不好的现象作为证据,来反对现代经济学本身。这当然是一种不好的倾向,对此我们当然要大力抵制。

中国银行业降薪释放出更多积极信号

最近几年,实业界有关成本增加、绩效不好的新闻不绝于耳,但有关银行业绩效下降并导致降薪的新闻还是首次。据澎湃新闻和界面新闻 8 月 18 日的报道,2015 年,中国工商银行员工的绩效降幅将为 30%—50%,浦发银行将有超过 20% 的降薪,甚至以零售业务见长的招商银行也面临着 20%—30% 的降薪。种种迹象表明,这次降薪潮大有席卷整个中国银行业的趋势。

其实，像这样的新闻在完全市场经济体中本不值得大惊小怪，但放到尚未完成市场化转型且存在很大体制性障碍的中国银行业身上，却具备认真研究并探讨一番的新闻价值。

一般认为，经过三十多年的改革开放，中国银行业的市场结构正从以四大国有银行为主的垄断寡头格局向垄断竞争格局转变。近年来，随着越来越多股份制银行、商业银行以及民营银行的加入，特别是互联网银行业快速地“攻城略地”，传统银行业的竞争优势似乎正在快速消失。在这样的背景下，银行业降薪是意味着中国银行业的竞争性进一步加强，还是一种短暂性的市场化行为？

从银行业经营和管理这一微观角度看，中国银行业降薪属于典型的市场行为。以前的所谓“降薪”常常带有“雷声大，雨点小”的味道，而此次的银行业降薪则完全不同，一是背后有中央政府的推动，二是有四大银行业“大佬”的迅速跟进。因此，就非常有必要分析一下，导致此次银行业降薪的真实原因到底是什么？

从产业经济学角度看，银行业是不同于传统制造业的现代服务业。如果说当今的中国制造业出现裁员或者降薪等市场信号，这毫不奇怪。然而，在连续长达二三十年不断加薪、持续高速成长的中国银行业，此次出现较大面积的降薪举动，一定有其不同寻常之处。

我以为，导致中国银行业出现此次较大面积降薪的原因有以下两点：

第一，从政策层面看，根据 2015 年 1 月 1 日起实施的《中央管理企业负责人薪酬制度改革方案》，包括中石油、中石化、中国移动等 53 家央企以及其他金融、铁路等 19 家企业负责人的薪酬水平，都必须在未来若干年内保持在适度合理的水平范围内。从目前的基本趋势来看，改革的方向就是降低基本薪酬标准，提高绩效工资的比重，并促使薪酬结构的调整和优化。中国工商银行、中国建设银行等四大行作为央企，当然无法置身事外，也要受此方案的硬性约束。

第二，从市场层面看，在中国投资和出口驱动的经济增长模式下，当制造业出口受阻、国内市场饱和、国外市场不景气三种情形同时出现的时候,企业的投资率和银行的贷款率肯定都将下降。另一方面,随着互联网金融的异军突起,以及其经营和管理手段的不断创新,中国银行业面临的竞争压力将空前加大。在这种供求双重力量夹击下,中国银行业的利差将会缩小,银行不良贷款率上升将成为家常便饭。于是乎,中国银行业"加大对绩效考核不合格员工的问责力度,落实调减绩效工资、降低工资等级档次以及降低职务层次等管理措施",就是一种非常积极和合理的市场化行为。

综合近两年来中国银行业出现的如此种种较为"反常"的市场信号,如此次较大面积的中国银行业降薪潮,又如 8 月 4 日《时代周报》有关中国银行业不良贷款率上升的报道,还有近期有关银行业从中层到高管层的离职潮,乃至今年"两会"上某银行业高管高呼"银行业是真正的弱势群体"的有趣表述,我认为,中国银行业"躺着赚钱"、依靠垄断和"霸王条款"赚钱的时代已经一去不复返了。与此市场形势相对应,银行业员工曾经拥有的那种令人羡慕的收入高、福利多、无失业之忧的"金饭碗"时代可能也将一去不复返了。

从中国银行业以及银行业员工的角度看,我的这个说法看上去有点冷酷无情。但是,从中国经济和社会长远发展、金融银行业健康发展的角度看,这却是一个非常值得庆贺的好事,因为中国银行业这个代表性的服务业在中国改革开放走入第 39 个年头的时候,终于真正脱离了政府的襁褓,走向了依靠自身实力而不是"霸王条款"求生存的真正的市场竞争时代。这相对于中国商贸流通业、传统制造业于 20 世纪八九十年代已直接面向市场而言,尽管时间上已经晚了差不多 25 个年头,但已经是一种历史性进步。

(发表于《时代周报》2015 年 8 月 25 日)

钢贸融资的风险黑洞与制度对策

钢贸融资并不是国家或者银行系统的一种正规融资方式,而是钢贸企业在企业运营的实践中摸索出来的一种民间混合融资方式。尽管各家钢贸企业的运作模式存在差异,但在利用钢铁贸易作为“鱼饵”,进而博取更多融资或利润方面,却为广大钢贸企业所认同。

钢贸企业的经典做法是,以钢铁贸易作为融资的平台,从银行获得贷款,购买等值或者更高价值的钢材之后,再利用钢材到银行进行抵押贷款,结果以少博多,贷出更多的资金。拿到钱之后,钢贸企业或者去房地产市场“搏击”获利,或者再从事高利贷以获取更高利润。

福建李国清骗贷案就是一个典型的钢贸融资风险暴露的例子。此人之所以成功,就是因为他非常清楚银行体系的漏洞所在。他开始找银行贷款,理由是要建立钢铁贸易市场,因为这能推动当地的 GDP 增长,增加就业。当地政府官员一听,这不是好事一桩吗？于是,他很快就获得了经营所需的土地。同时,他还利用钢贸市场这个招牌对外招商。由于他与银行的密切往来关系,所以他一方面能吸引商户入驻钢贸市场,另一方面还承诺给入驻的商户经营贷款。这样做,双方似乎皆大欢喜。在有了商户入驻的情况下,他还告诉这些钢贸商户要彼此密切配合,分别以各自钢材向银行进行担保并获得贷款。这样,商户们在获得贷款之后,再利用钢材进行重复的抵押贷款。结果,商户们利用银行的初始贷款以及抵押贷款制度的漏洞,就能拿到几倍甚至几十倍于钢材的贷款,并用于发放高利贷和民间借贷,获取高额利润。

看看这个小型的融资系统,它似乎运转得颇为有效。钢贸市场吸引了广大商户入驻,带来了当地的经济发展与就业,也能增加当地的税收收入,商户与政府皆大欢喜。银行能够将闲散资金贷给这些商户用于经营,何乐而不为？广大商户由于钢贸市场老板的相助,也可以开门经商,不亦乐乎？钢贸市场的老板才是这一系统的始作俑者,当然他也可利用自己与银行、政府、商户之间的多重业务关系而获得更高的利润。

按照奥地利著名经济学家熊彼特的观点,由于这个钢贸市场老板的创新经营方式,他理应获得比别人更高的利润回报。的确如此,在这个系统运转正常时,钢贸市场的老板一般都是获利最多的人。然而,这个系统存在的巨大风险一般却很少被顾及。

第一,这个系统中的每个人只顾从自身的利益出发,对于他人的风险和安危并不在乎,这种纯粹利己的行为取向在短期内对各方似乎都是有利的,但从长期看却可能给任何一方都带来同等程度的风险。比如,钢贸市场的老板为了自身的利益,承诺给入驻的商户从银行贷款提供担保,可是“天下没有免费的午餐”,商户要想获得贷款,就必须先交纳20%、30%甚至40%的保证金;同样,这些商户要想从钢贸市场的老板那里拿回交纳的保证金,就必须首先还清银行的贷款。作为其中的商户,他们进退两难,明知保证金制度有一定的不合理性,但若没有钢贸市场的担保或者钢贸市场的联保互保,自己也得不到银行贷款。所以,为了经营,他们只好忍气吞声。银行作为一个营利性的组织,它当然也只管自己的利益。商户要想拿到贷款,就必须提供20%左右的资金作为还贷的保证。这样,商户若贷到100万元贷款,事实上真正能够发挥作用的只有40%—50%。结果是,从事“生产性”经营的商户被套上了重重枷锁,他们的经营成本大大增加,而为商户提供服务的各类机构反而成了万无一失的“真正老板”。这种生产性经营者“肉少”,投机服务性机构“狼多”的情形能长久存在吗?至少在我看来,不能长久存在。

第二,这个系统赖以运作的条件就是宏观经济运行非常稳健,整个社会的预期相对比较平稳。可是,这个条件在绝大多数经济体中都是非常难以满足的。美国次贷危机之所以发生,就是因为在此之前美国经济连续二三十年的稳定增长堵塞了投资者的耳目,麻木了他们原本敏感的神经。

除此之外,钢材产品类似于生产资料,是生产的中间投入品,与很多行业存在极大的关联效应,谁也不能保证它的市场价格一直相对稳定。相反,它常常会受到国家宏观经济政策和政策调控的较大影响。

最近两年的房地产市场调控就是一个例子，它给火热的房地产市场降了温，给以此带动的钢贸市场泄了火。这恐怕是钢贸市场融资黑洞得以暴露的一个重要的外部条件。

还有，钢铁产品价值相对较高，所需要的现金流量较大，市场价格的周期性变动比较明显，这就需要与此相关的融资市场具有足够的弹性和活力。可是，这种建立在钢贸市场基础上的以少博多、没有强劲后台担保的质押贷款如何能满足这个要求？

第三，中国相关银行和金融监管的不及时、不到位或者不落实恐怕是助推这种钢贸融资出现资金链断裂、老板跑路甚至自杀的一个客观原因。按道理，钢材商户向银行提供100万元市值的钢铁库存作为质押，银行为其提供80%的授信额度，这个过程本来不存在多大的风险。可是，在银行间信息不相互联通、银监部门暂时顾不上的情况下，很多钢材商户就会用100万元市值的钢铁库存从多家银行获得300万元或者400万元的贷款，这就出现了所谓的“抵押品悬空”现象。这种现象与美国的次贷危机类似，其危害也是很大的。

按照如上说法，钢贸融资是个独特的、不同于银行融资的私人与公家、经营户与银行相互混杂交织的融资系统，这个系统在经济运转平稳、社会预期和宏观政策平稳的条件下运行得颇为有效。可是，只要大家的预期突然发生改变，或者政府的宏观调控政策发生改变，并碰触到其中的任何一个环节，该系统中的脆弱均衡关系就会在瞬间破裂。最近南京下关钢贸市场年仅35岁的漂亮女老板自杀恐怕就是钢贸融资泡沫系统不稳定的一个充分例证。

后凯恩斯主义的著名代表人物海曼·明斯基有一个著名的假说——金融市场具有天然的不稳定性。他认为，只要存在着借贷，就必然会有不稳定性存在，而并不一定需要外部冲击。因为在经济体情形好的时候，一个投资方借贷的越多，他获得的利润就会越多。这些利润就会吸引其他投资者进入这个行业，并推动举债水平和借贷水平的提高。随着时间的延续，借贷累积的速度就会超过借贷者的还贷能力。正是在这一阶段，这个经济系统爆发泡沫或者危机的基础早就已经奠定好了。钢贸融资隐含的风险在南京下关老板自杀以及连云港、福建等地钢贸市场老板跑路事件中得到了充分的印证。

经济学从来都是经世致用之学。如果我们不清楚钢贸融资背后的风险黑洞和制度缺陷,那怎么能对症下药呢?通过上面的这些诊断,我愿意给出个人有关解决这些问题的政策“药方”。

首先,相关的政府监管部门要时刻对民间借贷、民间经营模式保持足够的敏感。在新的经营模式出现时,必须加强对这些新现象的早期研究与分析,从而强化对这一融资系统的风险预警程度。

其次,在企业运营的过程中,一个公平、公正、诚信经营,经营户之间公平竞争的市场秩序也显得非常重要。对于那些合法、守信、诚实经营的商户和商家,国家应该出台相应的政策,给予他们融资优惠与方便;而对于那些欺行霸市、强买强卖、涉嫌垄断的企业,应该加大惩罚和打击力度。其实,这涉及中国企业和公民的诚信档案制度的尽早建立。

最后,钢贸融资这种民间金融制度的创新有积极的因素,不能全盘否定。比如,钢贸市场给经营户的融资提供担保,而商家要支付一定的保证金;银行给商户贷款,也收取一定的保证还款保证金,这具有一定的合理性。可是,对这个保证金的比率、抵押金的比例应该进行行业规范与监管,而不是听之任之。当下,最紧要的事情是,加强对此类企业融资难问题的调查与研究,出台相应的制度和政策措施,将它们纳入国家融资的正规制度框架中,而不是任由其自生自灭,危害“中国制造”的长远竞争力。

(发表于《东方早报·上海经济评论》2012 年 5 月 15 日)

从林毅夫的世行任命看中国经济学家的角色

记得前几年中国社科院的詹小洪先生曾将中国的经济学家分为十个大类,什么决策圈经济学家、“议会”经济学家、方案经济学家,什么开会、跑场子经济学家等,想来十分有趣。身为经济学人,有感于身边经济学家各种各样的故事，肩负着日常教学、科研、赚钱的三重任务，我想用如下三个类别来概括当下的中国经济学家：第一类是政府或公众经济学家，第二类是企业经济学家，第三类是学术或理论经济学家。其中，第一类经济学家的优点是比较容易走红，且名利双收，其缺点是在学术上可能不大会有太大贡献，但依赖其所讨论的内容而容易成为公众或者政府关心的内容，或者因与政府较为和善的关系而一举成名。这样的经济学家在国内比比皆是。第二类经济学家站在企业的立场上，为企业的利益奔走呼号，从中国微观经济主体企业的角度思考中国的宏观问题，虽然名声较政府经济学家可能稍逊一筹，但也颇为实惠，学术上的贡献也不可能很大。第三类经济学家是较为清贫的一类，依靠出书、写文章赚取生存的资本，或者仅在学生或者学术圈中享有较高声誉，但在政府或者企业中却没有太大声音，或者在国际学术圈中颇富名声，但在国内却鸦雀无声。这类经济学家名收、利不收，过得相对清贫一些，但却身似游侠，是悠然自得的一类。

在当下的中国，存在着这样一种趋势，那就是第一类、第二类经济学家越来越多，而第三类经济学家越来越少，并且还出现了第二类、第三类经济学家逐步向第一类经济学家转化的趋势。比较典型的表现是，作为一个不知名的经济学研究者，其前进的轨迹大概如此：先在学术界苦心经营，甘坐冷板凳若干年，等到具有一定的学术声誉以后，便很快走进政府，走进企业，走进电视台，走向公众，成了各种各样的顾问、独立董事、特邀嘉宾、特邀主持，并且其关注和讨论的话题也逐渐从学术走向公众，走向政府，走向新闻。一句话，企业关心什么，我就研究什么；政府关心什么，我就研究什么；新闻上有什么，我就钻研什么。结果，这样的经济学家很快就会成名、成家，成为政府、企业的座上宾，成为公众心目中仰慕的经济学家。但是，与此同时，这类经济学家也很快就疏远了学术，远离了国际前沿。有的经济学家甚至完全脱离了教学岗位，当起了各种各样的秘书长、主任、老总、总裁甚至各级政府官员。

看着身边每天发生的这些经济学家“虾有虾路，蟹有蟹道”的不同成长故事，我有时不免对中国经济学家的前途产生某种担忧。虽说经济学家的任务就是经世济民,但如果中国的经济学家都如此实际,都这么关注眼前利益,那么中国经济的长远未来到底该由谁来谋划、来担当?

是由政府经济学家来担当吗?我想肯定不完全是。这类经济学家虽然距离政府最近,最了解政府,也可能提出一些颇具操作性的政策建议,但是他们又有一个很大的缺点,那就是很容易受到政府、政府官员思维的影响和局限,因此很容易在给出政策建议时忘却了一个经济学家所应该持有的那种公正、中立的立场和地位。

是由企业经济学家来担当吗?我想肯定也不完全是。从表面上看,这类经济学家最了解企业的利益和需求,而企业又的确是中国经济前进的"发动机""推进器",但是他们同样也会受到其角色的局限,那就是很容易或者很方便地就成了各种各样利益集团的代表,成为东、西、南、北垄断利益或既得利益的辩护者、呐喊者甚至"角斗士"。

是由学术或者理论经济学家来担当吗?好像也不完全是。这类经济学家的优点是学术声誉较强,熟悉国际前沿理论,其缺点可能是不太熟悉中国的政府、不太了解中国的企业。他们提出的政策建议虽然比较中立,但很可能不太现实甚至比较超前。如果用他们给出的"药方"来治疗中国的"疾病",很可能会犯各种各样的错误。

那么,中国经济的长远未来到底应该由哪类经济学家来担当呢?

我以为,对中国当下问题的解答,应该更多地求助于第一类、第二类经济学家,而对中国经济长远未来的谋划则应该更多地求助于第三类经济学家。但是,还需提示的是,第一类、第二类经济学家所处的立场也可能影响其提出政策建议的中立性、公正性。因此,一个合理的服务于中国经济发展的经济学家队伍应该遵循抗日战争时期的"三三制"原则,即 1/3 的政府经济学家,1/3 的企业经济学家,1/3 的学术或理论经济学家。这样,由他们给中国经济所开出的政策"药方"也许才能做到"寒、热、温、凉拿捏恰当,辛、甘、酸、苦、咸正好适中"。

如果从这一点看,林毅夫被世行任命为首席经济学家兼高级副行长的主要原因是什么呢?我以为,主要原因是林毅夫具有这三类经济学家皆不具备的比较优势,即他属于第三类经济学家,身处学术机构,熟悉国际前沿理论，用英文发表了很多研究论文。同时，虽然他与中国政府之间保持了一种较为和善的关系，身为全国政协委员，但又没有脱离教学岗位、学术岗位，因此他具有第一类经济学家通常所不具有的理论素养；他不是第二类经济学家，也没有为某一利益集团进行辩护的必要；他虽然来自中国，但又不是中国的政府官员，因此基于这一立场给予世界经济发展一些经济和政策指导可能会比较公正。反过来看，世界银行毕竟是全世界的银行，因此一个具有扎实学术背景，与中国这个最大的发展中国家保持较为和善关系，同时受中国政府影响不太大的人才是这个职位的最佳候选者。这个人不能只具有某一类经济学家的潜质，而应该具有这三类经济学家的综合潜质。这个人不是别人，他就是林毅夫。

（发表于《经济学家茶座》2008 年总第 34 辑）

第三章

帝国主义“新现象”

美国,一个能容纳稀奇古怪的国度

在美国,你可以见到世界上最稀奇古怪的事情。比如,你可以看到州长在这边演讲,而民众却在那边唱歌、呐喊,甚至示威或游行;总统在草坪上做新闻发言,而记者却总是挑一些难听、刁钻的问题问他;老师在讲台上上课,而下面的学生却总是打断老师的讲课,提出各种稀奇古怪的问题;目前,克隆人在全世界仍然是个伦理禁区,可是这里的大学教授或者专业人士却常常在这样的项目上花费巨大的物力和财力。在中国,经典音乐和戏曲常常只能在音乐厅、大剧院里才能听到、看到;而在美国,所有这些都能在街头或者免费的舞台上听到或者看到。看看纽约街头的街舞或音乐表演,看看地铁里、街道里甚至政府大楼对面的反战者、示威者,你就知道,这是一个容纳这些稀奇古怪事情的国度。

"稀奇古怪"在国人的眼里常常是一个贬义词,用来形容那些在现实社会中非常少见,甚至不合常理的行为和想法。但是,在美国,所有这些却变成了"创新""自由"和"包容"的同义词。在纽约,可以讲汉语,吃中国菜,住中国特色的房子,开办中国人自己的巴士公司,办中文的报纸、电台,贩卖中国的产品,设置中国式的货摊、地摊,甚至还可以只雇用中国人上班,店铺外面标上全中文的店名、牌匾,这些就是纽约 China Town 的真实景象。同时,在纽约,还可以说巴基斯坦语、印度语、罗马尼亚语、意大利语、俄罗斯语,吃巴基斯坦菜、印度菜、罗马尼亚菜、意大利菜、俄罗斯菜,住巴基斯坦式、印度式、罗马尼亚式、意大利式、俄罗斯式的房子，雇用巴基斯坦人、印度人、罗马尼亚人、意大利人、俄罗斯人，甚至完全可以写上这些国家自己的文字或者图标，发行相应的报纸、书籍，这就是纽约巴基斯坦村、印度村、罗马尼亚村、意大利村、俄罗斯村等真实景象。

在纽约，有各种各样的博物馆。比如，印第安人历史博物馆、自然历史博物馆、运动博物馆、电视与广播博物馆、警察博物馆、电影博物馆、艺术博物馆、儿童博物馆、房屋博物馆、城市博物馆、纽约市博物馆、西班牙文化博物馆、交通博物馆、科学博物馆、移动影像博物馆、海洋博物馆等。甚至还有一个非常特别的性博物馆，其中人类几百年来的性文化、历史以及超过 25000 种性用品、性工具也得到了毫无掩饰的展览和陈设。这个博物馆并不对未成年人开放，只有成年人才能进入，并且还允许拍照、留念，让游客们能够目睹“性”这个科学、自然而又不失严肃的话题。这些博物馆并没有变成只展示美国上层社会奢华、统治阶级英明或者某些特殊集体才智的场所，还展示了美国下层的印第安人、墨西哥人与中层的中国人、印度人的艺术、生活，以及那些来到美国的形形色色的移民们的生活。

在美国人眼里，所有这些并不是杂乱、荒诞、稀奇古怪的象征，而是美国多元文化的具体表现。我曾问过马里兰大学的同学，她告诉我，纽约人没有因为纽约某某城里的杂乱、建筑甚至食品味道没有原来国度那么原汁原味而感到惭愧，相反，他们为自己同时拥有世界各国的文化、艺术、建筑、风味而感到高兴与自豪。纽约人也没有因为自己没有太长的历史而感到没有底气，相反，他们珍藏了自己短暂的历史并综合运用从录音、采访、谈话、纪录片、配音、音乐到互动性问答等方法，竭尽所能地展现了那短暂历史中所蕴藏的多元文化。在纽约就有这样一个移民展览馆，坐落在当年移民进入美国最多的 Ellis Island 上。一楼的大厅正中摆放着各种各样的箱子，这些箱子就是当年世界各国移民进入美国时所携带的来自世界各国的箱子。箱子的材料有竹质的、木质的、皮革的，还有铁质的；上面的花纹有欧洲风格的，有亚洲、非洲风格的，还有来自古老国度中国、印度、埃及风格的，也有来自看上去稀奇古怪，一看便能猜测出是什么部落或者森林人种的。在一楼的另外一边，是我们学者常常在自己论文中、课题中用到的各种各样、活灵活现的表格、方图。这些方图不是平面的，而是完全立体式的，不是死板的数字，而是各种各样活生生的人物道具，让人一眼就看出18世纪80年代来自世界各个国家、各个地区的移民及其随着时间发生的变化情况。在一楼大厅的另外一边，是一个放映电影的小型电影院。进入这个电影院的游客先是在解说员兼检票员的要求下静静地坐下来，接下来就是放映员的一番介绍。放映员先介绍自己的姓名、国度以及移民美国的情况，接着介绍美国的移民国家性质，然后介绍这个博物馆的基本陈列，最后回答游客各种稀奇古怪的问题。比如，刚刚进门时陈列的那些箱子是不是真品，放映员本人对美国的移民国家性质是赞同还是心存疑虑等。刚开始，不少游客埋怨这个放映员废话太多，但在听完其解说和回答之后，才感觉到这简直是一个实实在在的、难得的、宣传爱国教育的、推介该博物馆的免费广告。接下来，就上演了一个名为“An Island of Hope, an Island of Tears”的纪录片。在这个纪录片中，年代久远的珍贵的图片被动态化了，看上去更像是一幕幕历史的真实场景。其中，那些年代的音乐、移民之间的谈话，那些刚刚下船的新移民排队等候移民官员审查、搬运行李、中间吃饭用餐、晚上睡觉的场景，还有对亲身经历者的访谈，全部得到了重现。更让人感动的是纪录片中解说员那动情、真诚的话语：“在当时移民的心中，这个岛不仅是一个象征着机会和自由的地方，当然也是一个充满血泪、辛酸的地方。”当时所有来到美国的移民都要在这里接受身体健康程度等方面的审查，只有那些身体健康，能顺利通过考察的人才能进入美国，而那些体弱者或者患有各种疾病的人则常常被拒之门外。甚至常常有人不远万里来到美国，但最终未获准进入而干脆选择了跳海。当然，还有为数不少的人在来美国的途中就已经气息奄奄或者一命呜呼了。

经过纽约的不少地方，常常会发现一定数量的无家可归的人，这些人分布在地铁、车站或者码头。在闻名中外的美国政治中心华盛顿、中部名城芝加哥、东北部文化名城波士顿，我也常常看到类似的无家可归者。这些人或以大地、桥洞、自建帐篷为床，或以苍天、大桥为被,过着无拘无束的生活。如果换一个角度看,这些人的存在表明了经济发展的成就以及美国式自由、无拘无束的价值。这些人中有很多的的确确是懒汉,他们不愿意参加工作,寻找不到工作就干脆承认自己无能,而不积极地加入挽救自己、挽救家庭的行列。他们宁可选择无家可归,依赖乞讨度日,也没有堵着政府的大门或者交通要道,要求政府给予自己照顾或者赏赐。我曾在芝加哥工业和科技博览馆的门前不只一次地碰到同一个无家可归的人。和他几次聊天后,我才坚信自己的观点,这些无家可归的人之中至少有相当一部分是相当懒惰、没有技术,也不愿学习、不愿从事自己力所能及的体力劳动的人,或者是那些早年信用记录不好的人。与其说这些人是这个社会中的弱势群体,还不如说他们是被市场经济体制淘汰或者不能适应市场经济的一个群体。还好,他们没有被消灭,而是被给予了一个自由地选择、表达自己意愿和生活方式的机会。还好,他们没有被驱逐、被遣送,所以他们也就多了一个向世界展示市场经济优、缺点的机会。

在当时的我们国内,大学校园里装无线上网设备似乎并不那么普及。即使是在多年后的今天,国内也不如美国那样把随时随地上网当作校园建设必不可少的工程。当国外的餐馆把随时随地上网作为一个重要的营销策略的时候,国内餐馆的网络覆盖工程才刚刚起步。当美国的公交车、长途汽车里随时随地上网成为一个普遍趋势的时候,国内对此所知者却并不那么多见。难怪有人说,中国和美国的差距何止十年?以我之见,这个国度是一个随时随地都在创新、人人都在创新的国度,更是一个大家可以胡思乱想、相互竞争的社会。说一句大胆的话,在这些微观个体竞争、创新、给予胡思乱想尊重和自由的机制的保证下,这个国家在未来30年内仍将无人能够超越。请注意,我说这句话的前提是,世界上其他国家的政策、体制、规章、制度没有很大改变。如果我们国家能够在这方面有所突破,人们能够比较独立自主地发表见解,表达自己的经济、社会甚至政治主张,允许民营企业自由进入绝大多数行业,没有太多的行政或者国家垄断,没有大家对胡思乱想、异想天开、稀奇古怪行为施加群众性或社会性压力的话,相信我们也会成为下一个海纳百川、容纳稀奇古怪的国度。

美国迈出了危险的一步

经济学家通常是不碰国际政治问题的，这是一种传统的认识，当然也是一种误解。原因是，传统上，人们一般以一个人的研究对象判断这个人研究的领域。比如，有人研究军备竞赛，那么这个人就是政治学家；一个人研究婚姻问题，那么他就是社会学家。可是，这个观念现在正面临越来越严峻的挑战。原因是，时代变了，研究工具已经发展演进了，相应地，学科之间的界限也不是那么清楚了。所以，再用这种老的认识来衡量一个人是政治学家、经济学家还是社会学家往往就有些过时了。

比如，就拿当下美国、日本和中国在钓鱼岛问题上的博弈来说吧。本来，这与美国人无关，因为事情的本质乃是中国和日本在主权问题上的争执。可令人讨厌的是，美国在二战后，准确地说是20世纪70年代采取的错误政策，将本属于中国主权的领土交给日本来管理。于是乎，一个非法的授予、一个非法的接受就导致了中国钓鱼岛主权几十年来的风波。

看看最近的新闻就知道，美国在这个问题上又迈出了危险的一步。如果说美国的这一政策是一种历史性错误，可以不用太过计较的话，美国今天的这个错误却真的不能不令中国人计较了。原因在于，美国今天的错误是在中国经济崛起、日本经济衰退、美国经济慢步前行的背景下作出的，至少是一种故意。

第一，美国依仗自己目前所拥有的军事优势和国际话语权优势，试图以“黑社会老大”的身份和嘴脸赤裸裸地干预中国的内政，厚着脸皮玩弄起危险的游戏，压制崛起的中国。

第二，之所以说美国的这个做法非常危险，是因为中国的经济在崛起，而美国的经济在走下坡路，日本的经济也在走下坡路。美国在这个时刻的做法就是，召集一帮自己的“狐朋狗友”，明目张胆地抢中国的领土，抢中国人的金钱。本来，中美之间的利益远远大于中日之间的利益。可是,中美之间的利益更多的是经济上的利益。换句话说,中美之间的关系更多的是一种交换关系,而日美之间自从二战结束以来已经形成了一种稳固的政治、经济和军事关系。所以,美国这个时候采取这样的政策从短期看是理性的,但从长远看却是非常短视的。在这个对中国至关重要的问题上,美国给中国脸色,完全是不明智的。中国是重视关系的国家,更是爱好和平、爱好和谐的国家。美国的这种做法不仅不明智,而且完全可能导致中日两国都走向与美国利益完全相反的方向。

就日本而言,它会错误地理解美国的意图,更加大胆地玩弄钓鱼岛议题,促使国内右翼势力的崛起,促使整个日本国内政治的右倾化。这不仅会否定二战后的整个国际秩序,而且也会刺激周边亚洲国家的领土争执问题。对中国而言,美国的这个策略也是非常愚蠢的。中国是爱好和平的国家,但在美国人公然端着枪炮,开着潜艇和航空母舰,乃至公然叫嚣着不惜以武力与中国开战的情形下,中国政府很难不采取一些对策。美国不断地往中国的伤口撒盐,不断地指使自己的“走狗”刺激中国,成为中国更快地进行军事武装的刺激因素。

美国以冒天下之大不韪的手段,公然干涉中国内政,中国定会采取以牙还牙的策略,警告美国:

第一,在外交上,中国约见美国驻华大使,甚至约见美国国务院,公开、坚定、义正词严地谴责美国的做法,以正义的手段在国际场合宣扬中国的主张,揭露美国、日本的丑恶行径。

第二,在经济上,中国采取经济手腕敲打美国,让美国明白,如果美国敢在军事上挑战中国,中国就要让它付出经济上的沉重代价。

第三,在军事上,中国应该表态,以实际行动宣示中国的决心。在策略上,中国不应该被美国牵着走,相反,应该出台一些对策,让美国跟着我们走。

从世界历史发展看,中国这个大国的崛起不可阻挡,美国这个大国的衰落也是必然的。中国曾经在长达两千多年的时间内领先于全球,是世界经济中的“超级大国”。在这个过程中,中国也形成了爱好和平、珍视和谐的儒家传统文化。到了近代,中国虽然在经济上落伍了，但其文化、制度中的很多优秀传统还是非常宝贵的。刚刚过去的中共十八大，不仅是对国际社会的一种政治宣示，而且也是向世界的一种政治宣示。在十八大报告中，中国共产党向全世界郑重宣示了中国的和平崛起、科学发展、市场经济改革以及中国特色的政治、文化和文明发展道路。

美国人不应该听不懂中国人民的声音，不应该听不懂中共十八大的主要精神。我们应该以实际行动告诉美国人，什么是科学发展，什么是中国特色的文化，什么是中国特色的国防和军队建设思想。

奥巴马改变了历史，而不是游戏规则

今天是北京时间 2008 年 11 月 5 日，美国时间是 11 月 4 日，离美国最后的选举日还差两天。部分州已经提前投票，加之现在很多州已经相继投票，尽管还没有到最后的时刻，但从目前的选票情况看，奥巴马当选已成定局，因为他的选票已远远超过对手 270 票。美国总统小布什、法国总统萨科齐等已向奥巴马打电话表示祝贺。

与奥巴马做了一年准邻居的我，在看到这个消息的时候，自然也感到非常高兴。一是因为从来没有一位美国总统住得离我那样近。他是芝加哥大学法学院的讲师，而我经常去那里聆听讲座，享受免费的讲座和三明治；他是芝加哥大学 Hyde Park 社区的一员，住在五十三街，而我也曾是那里的一员，住在五十五街，尽管是匆匆的过客。二是因为他是美国的非洲裔，属少数族裔，而华人在美国也是和非洲裔黑人一样的少数族裔。有鉴于此，在获知奥巴马当选的时候，我就显得非常激动。对于美国少数族裔，特别是非洲裔黑人来说，其意义就更是不同寻常了。所以，在听到奥巴马当选的消息后，肯尼亚总统立刻宣布全国放假一天，以示庆祝。

在知道自己获得多数票而当选的时候，奥巴马立即发表了“美国的变革时代已经到来”的获胜演讲。然而，此时此刻，我关心的并不是奥巴马的胜利当选以及他获胜演讲所透漏出的欣喜。相反，我认为，最让人深思的也许是奥巴马的竞争对手——麦凯恩公开承认自己在选举中落败。

胜利者在胜利之后的演讲,就像动物大战中胜利一方的大声怒吼一样,无非是要利用这一机会彰显自己的胜利和收获。这对于付出如此多辛劳、如此多努力又颇具实力的非洲裔黑人奥巴马来说几乎是顺理成章的事情。这个演讲对于已经经历或者观看过美国大选过程的那些听众和观众来说,事实上已经没有太大的边际收获。相反,在此时此刻,听听麦凯恩的落选演讲,却可以有非常丰富的边际收获。因为在这个给定的游戏规则下,胜利者宣称胜利,而失败方宣布失败,就充分表明了一个基本事实,即这个国度至少是一个法治化的社会,是一个讲究游戏规则、较为现代的契约国家,而不是历史上的那种建立在强权、武力、欺诈和不择手段、"成者为王,败者为寇"意义上的传统国家。

在当今社会中,还真有不少建立在强权、暴力基础上的国家。比如,萨达姆统治时期的伊拉克就是这样。萨达姆当年就不是通过选举上台的。1957 年,他曾参加了阿拉伯复兴社会党。之后,他试图行刺当时的伊拉克总理,结果行刺失败。于是,他就逃亡到叙利亚。1963 年,由于阿拉伯复兴社会党发生内讧,当时已回到伊拉克的他被迫再次出逃。1968 年 7 月,阿拉伯复兴社会党不甘心过去的失败,再次发动政变。结果,萨达姆开始出头。1979 年,他开始担任武装部队总司令和党的总书记,终于如愿以偿地当上了伊拉克的最高领导人。可想而知,萨达姆为什么不在第一次起义失败之后公开站出来承认自己失败?因为他知道,自己的失败不是建立在一个和平、非暴力、公平基础上的失败,而是非和平、暴力、不公平基础上的失败。换句话说,萨达姆和前政权的领导人或者政党之间不存在任何大家共同制定、共同遵守的契约或者游戏规则。相反,他们之间的游戏规则是建立在过去的强权政治也就是霍布斯丛林法则基础上的。在那里,谁的力气大、武装强,谁就是王者,谁的力气小、武装弱,谁就是失败者,这就是传统社会中的"胜者为王,败者为寇"的游戏规则。

在这样的游戏规则下,失败的一方当然不会承认自己的失败,因为他知道，自己失败的唯一原因就是不够强大，只要苦练内功，仍有东山再起的机会。果不其然，通过其后若干年的努力与实干、苦干，萨达姆成为伊拉克的最高统治者。如果从这个意义上说，萨达姆时代的伊拉克并不是一个现代意义上的国家，而是一个相对传统意义上的国家。

泰国也是如此，当年他信是工商巨子，是泰国妇孺皆知的电子巨子，生意做得很好。后来，他成立了泰爱泰党，并通过选举的形式逐步取得了国家政权。可是，后来他的反对派并不满意在他统治时期出现的诸多腐败等经济和社会问题，结果就采取了选举之外的军事政变手段，夺取了政权。他信会不会对依赖军事政权上台的松提服气？当然不会。原因是，他信知道，他之所以遭到别人的“毒手”，并不是因为他不遵循大家定好的游戏规则，而是反对者破坏了游戏规则。所以，现在泰国的政要们时刻都在担心，他信什么时候会回来？因为如果他信东山再起的话，在位的执政者很可能就要面临他信当年面临的问题。这也就是中国历史上经常出现“成王败寇”现象的根本原因。很显然，在不遵循游戏规则的人面前讲游戏规则，那就应了中国古话：“秀才碰到兵，有理讲不清。”

那么，一个与此紧密相连的问题便是，在当今世界上，为什么有些国家建立了现代国家制度，而另外一些却没有呢？这其中的原因当然得从一国的历史、文化、制度等根源中寻找。比如，美国为什么从一开始就建立了以契约、诚信为基础的现代国家的治理形式呢？原因当然在于它首先是一个移民国家，是一个受到基督教广泛影响的国家。在这方面，英国人就做了很好的榜样，他们到新领地后，并没有被当地的印第安人文化所同化，相反，从一开始就试图在当地植入自己的文化，特别是所有权和契约制度。英国人刚到北美的时候，发现当地没有私有产权的概念，于是就硬性将当地的土地按人口化分成块，然后交给印第安人，并给他们颁发了所有权凭证。但是，英国人一走开，印第安人又将土地合在一起。后来，随着英国移民越来越多，英国人便建立了警察机构、法院系统，不遗余力地推行他们的一套建立在宪政、契约基础上的规章和制度，包括专利制度、选举制度、财产制度等。孟子说："有恒产者有恒心。"英国人洛克也说过，没有私有财产，就没有权力和契约。两者说的都是同样的道理。

在历史上，中国也是一个十分发达的国家，曾经是朝鲜、安南、鞑靼等很多地方的宗主国。成吉思汗曾经到过里海以及西北利亚的广阔地区，清代的疆域范围到了今西伯利亚、阿富汗等地区，但中国人并没有在占领地植入自己富有特色的文化体系，特别是制度体系。中国没有渗透老百姓生活方方面面的所谓宗教的影响，没有官方之外的传教和宣传中华文化的机构，一切机构、组织大多是官办的或者官方监督的。因此，中国的文化、经济发展、技术进步等都随着政府的更迭而更迭了。所以，中央政府兴盛的时候，影响范围就扩张；而随着中央政府的衰亡，领地范围就缩小，文化影响力也变小。反观西方的情形，却不是如此，英国人走了，但基督教没有走，保留了下来；英国人走了，英国人奠定的契约、宪政的思路和制度没有走，凡是英国人所到的地方，这种思路和制度形式都被保留了下来，成为影响这个地区今后发展的重要制度和文化基础。

回过头来看，如果要归纳现代意义上的建立在选举、法治和契约基础上的国家相对于传统国家的优点的话，我想，如下几个方面应该是重要的：

第一，现代意义上的建立在宪政、法治基础上的国家治理形式，有利于国家的稳定和政权的平稳过渡。比如，奥巴马没有必要组织一支军队推翻小布什政府，因为即使小布什政府想赖着不走，法律也不允许。当然，在这样的制度下，即使小布什组织一支军队来捍卫自己的总统地位，恐怕也得不到他人的响应。所以，小布什明智的选择当然就是在自己还没有下台之前，首先打电话向奥巴马表示祝贺，这好歹也能显现出自己的"谦谦君子"风度，而不是"惴惴小人"的俗气。

第二，建立在法治和契约基础上的国家治理形式，使得经济的发展、企业的发展、信誉和声誉的积累、资本的积累等都能保持长期的连续性。虽然奥巴马和麦凯恩选举都花了不少的金钱，但相对于历史上建立在军事和强权基础上的政权交替形式而言，其成本要低很多。如果美国采取传统的国家政权交接形式，可想而知，由于政权交替而引起的对经济的损害会有多严重。李约瑟在研究了中国长达两千多年的科技发明为什么周而复始地失传、发明、失传、发明之后，不无感慨地说道，中国国家政权对经济的控制太强了。哈佛大学著名汉学家费正清也曾不止一次地说，中国历史上的问题之根本恰恰在于，国家政权交替都是以武力的形式进行的，导致很多科技发明、人才、资源随着政权的交替而遭到严重的破坏。很多汉学家都将这种现象称为“中国式的朝代循环”。

第三，现代的国家治理形式能够使得国家时刻保持活力和创新。小布什的政策受到民众的质疑，民众心里都清楚，他最多只能在位八年。想想，如果不是这样，那么美国的历史上就不会有奥巴马，也不会有麦凯恩，更不会有希拉里，因为他们在小布什还没有下台的时候就开始说他的“坏话”，就开始宣称要改变旧政，变革美国，调整各种各样的政策。反之，有了这种建立在选举、法治和契约基础上的国家元首交替形式的现代国家治理制度以后，像奥巴马这样年轻有为的非洲裔黑人就有机会，美国的女性也会有机会。在这样的制度保证下，让我们拭目以待，什么时候美国会出现第一位华人总统？什么时候会出现第一位女总统？

美国，在强大与崩溃之间

在过去的两年中，我同时见证了美国的强大与脆弱。2007 年，我刚到美国，对美国从不熟悉到熟悉，曾亲眼目睹并体会了美国企业的强大、制度的灵活。2008 年 6 月，在金融危机蔓延的背景下，我曾“悖逆”经济形势，写了名为《美国到底强大在哪里?》的文章。这篇文章在《经济学茶座》发表后，得到国内很多杂志、网站的青睐，它们没有经过我的同意就进行着复制、粘贴和转载的工作。有的网友甚至留言批评说我标新立异，是个“为美国摇旗呐喊的走狗”。回国一年多来，经常看到报纸上、媒体上出现美国虚弱不堪，无奈向中国举债与求援，美国衰落、中国崛起，甚至有国人连绵不断揶揄美国沮丧表现的新闻或报道。每每听到、看到这样的新闻，我都会付之一笑，因为我知道，有些媒体和记者是“大话”和“追风”一族，他们的报道大可不必完全当真。

最近，我接连读到几则美国人讨论美国衰落而不是强大的文章，这让我感到意外。原因是，危机之后，说美国衰落的外国人大有人在，可美国人大谈自家衰落的却比较少见。看来，这两件事的确值得我们放在一起进行思考和讨论一番。

第一篇是美国《华盛顿邮报》专栏作家大卫·伊格内休斯发表在《经济观察报》上的文章。在这篇名为《瘫痪的帝国》的文章中，作者认为，在目前的这个世界，无论是善良还是邪恶，帝国总会有兴起，也总会有衰落，关键是取决于这个帝国的政治体制是否有足够的弹性来解决它所面临的各种问题。作者举了一系列的例子来说明这一观点，比如奥巴马费了九牛二虎之力，也难以让医疗改革这项对美国有益的改革在国会获得通过；小布什当年也试图通过一项合理的、明智的应对非法移民的法案，但最终无功而返；前总统候选人麦凯恩曾长期试图推动竞选筹款制度改革，却始终未能如愿；奥巴马最近每周都会说同样的话……作者最后下结论说，如果运用能否解决问题这一简单的标准来看，美国目前的政治制度显然已病入膏肓，陷入瘫痪。读到这里，我一下子恍然大悟，原来作者的说法与外国人说美国衰落的说法全然不能同日而语。也许外国人说美国衰落常常会有一种恨富、恨强的邻里心态，但作者在这篇文章中的真实意图显然是善意的批评，他的目的并不是为美国的衰落而庆幸，而是以此刺激美国人的神经，促使他们反思美国现有政治制度的缺陷，减少党派争斗和特殊利益集团之间讨价还价所造成的种种非效率。这与我在《美国到底强大在哪里？》一文中要传递的思想一样。我的目的并不是在金融危机之际为美国的强大摇旗呐喊，而是希望国人虚心向这个强大的国家学习，这样中国才能早日像美国一样强大。只不过我的解说方法是通过赞美别人来反思自己，而伊格内休斯则通过“批评与自我批评”来反思自己。

不过，我并不完全认同伊格内休斯的说法。他说美国党派争斗、特殊利益集团之间讨价还价已成为美国式政治制度的缺陷，言下之意是这种争斗、讨价还价耗时耗力，结果很多颇富帕累托改进意义的改革措施都难以通过。殊不知，这项缺陷可能也正是美国的伟大之处。因为如果没有这种党派政治，可能就没有美国式的民主；如果没有美国式的民主，美国的决策效率也许会很快提高，但美国也就成了它所仇恨的集权体制的同类了。

第二篇文章是美国著名历史学家弗格森发表在美国国务院《外交问题》杂志上的文章。作者认为，历史上的各大帝国，无论多么强大，最终都必然要面临衰落，因为这些帝国乃是一种复杂的经济、社会、军事、政治系统。在这一系统演化进程中，每一个小小的变化都可能引起这一系统的适应性变化。他举了罗马帝国的例子，举了明朝快速衰落、清朝快速胜利的例子，还举了法国波旁王朝、大英帝国、苏联快速衰落的例子，其目的不过是，借助复苏系统与国家崩溃说事，告诫美国的当政者，历史上帝国衰落的警钟应长鸣不止，特别是在当前恶劣的财政状况出现的时候。最后，他语重心长地言道，也许金融上的赤字并不足以削弱美国的实力，但它对人们长期以来对美国从容应对危机能力的信心的打击却不容小觑。如果这一信心遭受了重创，美国很可能就会由于这小小的一击而轰然倒塌。

这篇文章虽大谈美国的衰落，但却同样是作者拳拳爱国之情的自然流露。除此之外，作者运用复杂系统解说帝国兴衰的观点，对像我这样思考中国经济长期变迁的人也是重要的启示。虽然我在讨论中国经济长期变迁的专著《小农经济、惯性治理与中国经济的长期变迁》中，还未来得及引用弗格森的这篇文章，并且未言明我也是一个复杂系统的理论者，但这并不能阻碍我与弗格森观点之间的共鸣。

我的观点是说，学者们要想解说一个像中国这样绵延两千多年的大国的长期经济变迁，就绝不可运用任何单一因素的静态解说法，因为那样并不具有多大的说服力，甚至还可能将人引向歧途。毕竟自秦汉直至改革开放以前的中国实实在在地乃是一个动态的复杂系统。某一个单一因素的解说如果有说服力的话，就必须既能够解说14—15世纪之前中国相对于西方的领先，同时又能解说中国在此之后相对于西方的落后。想象一下,在这么长时间的演进中,这种单一因素必然在演变,而其他因素又何尝不会随之演变?是否有机制保证这种单一因素始终具有解释力?很显然,我的观点与弗格森解说国家兴衰的理论有着某种内在的联系。

简而言之,我的解说可以这样概括:在14—15世纪以前,由于中国先辈建立了一种基于中华地理、生态、资源的小农经济形式,所以自秦汉以来的农业生产效率均保持在一个较高的水平。在此基础上,封建统治者便摸索并建立了适合于小农经济的中央集权统治体制,它依赖小农经济的高效率农业生存,依赖农民提供士兵和官僚阶层,依赖儒家思想驯化臣民,对私商或者其他可能对现有体制带来冲击的思想、力量或者产业保持了有效的制衡,于是封建国家的实力和科技创新优于西方长达一千多年。很显然,此时的领先乃是系统的领先、体制的领先,而不是单一因素的领先。但是,10世纪后,中国逐步落后于西方并成为西方人眼中"停滞的帝国"①。其中的根本原因并不只是西方在15—16世纪以后变得发达了,而是中国的中央集权体制这一复杂系统在经过千年的运转之后已形成了一种长久的惯性和制度均衡,其中的很多部件已经磨损,系统内的"垃圾"不断积聚,系统的"散热性"大减,系统运行的"噪音"大幅提高。但是,它不是完全无效了,而是需要"升级换代"。14、15世纪以后,中国生态、气候、地理、人口密度、周边环境、与游牧民族的相对力量、与西方国家的相对优势都发生了剧烈变化,新的思想和政府治理尝试已经难以生根发芽。结果,中国由之前的领先转变为之后的落后。由此,就不难理解,有人对小农经济恨之入骨,将它归结为中国后来落伍的根本原因;也有人将公元10世纪以后的环境变迁当作罪魁,并不认为"屋漏偏遇倾盆雨",而是这"倾盆大雨"恰好掀翻"屋上瓦";更有人将中国政治的僵化当作元凶,对之口诛笔伐。其实,这些都不具有真正的解释力。

在这里,我之所以拿这两篇讨论美国衰落的文章与我所写的讨论

---

① 〔法〕佩雷菲特:《停滞的帝国——两个世界的撞击》,王国卿等译,三联书店2007年版。

美国强大的文章以及关于中国由先进变落伍的专著进行对比，是因为它们在促使美国政府和中国政府思考自己未来时所具有的重大警示与借鉴意义。

如果从目前美国面临的经济困境看，它有崩溃的可能，因为所有帝国的崩溃都不可避免地与糟糕的经济状况相联系。但是，糟糕的经济困境并不是导致帝国崩溃的必要条件，问题的关键是美国是否会成功地应对这次危机，并对其制度进行快速有效的再造。在美国的历史上，曾发生过多次危机，如 1929—1933 年的大萧条，1974—1975 年的石油危机，1979—1982 年的美元、石油危机，1982—1987 年的金融危机。美国不是都挺过来了吗？从美国国内企业灵活的制度、政策看，它们不遗余力地从世界各地招揽人才，投入巨资，进行各种最新研究与开发。可以说，美国暂时还不可能崩溃。那么，事实是否真如金融家巴菲特所说的那样——“把美国朝坏的方向估计，通常是不对的，因为美国有灵活的经济和适应性的政治制度”？无论如何，我不完全同意伊格内休斯的观点，即美国的政治体制已经瘫痪，无论共和党还是民主党，无论小布什当政，还是今天的奥巴马当政，都有一些看似正确的事情难以在既有的制度框架下获得通过。

在我看来，这也许正是美国民主体制的魅力所在，它虽不能保证好的制度得到通过，但却能保证一个坏的、偏颇的制度很难通过，这可能正是其相对于集权体制的优点所在。在苏联，权力高度集中，决策的效率非常高，但错误的决策的效率同样非常高。结果，一招输，全盘输，苏联最终解体。值得庆幸的是，在过去的三十多年中，中国终于在集权与分权之间找到了一个微妙的平衡。从意识形态看，我们是社会主义国家，是一个相对集权的国家，它有着决策高效的体制优势，并一步步成功地在这个集权的框架中融合进了越来越分权的因素。于是，我们坐收了决策高效的优势，同时又坐收了执行灵活的好处。难怪著名的未来学家奈斯比特在其《中国大趋势》一书中乐观地认为，中国社会正在建立一种区别于西方的新的社会和管理体系，其中自下而上与自上而下相结合便是八大支柱之一。作为一个中国人，我不知道，奈斯比特所预言的这个事实否是会在未来应验？但是，我知道，要想在这个集权与分权、决策高效与执行灵活之间维持平衡,如在刀刃上行走一样困难。关键是,我们能否找到一种制度的有效机制作为保证。①

欧盟的"经济复苏计划"对中国的启示

2008 年 10 月之后,源于美国的经济危机已经进入影响全球实体经济的重要阶段,各国政府使出浑身解数,先后拿出各种各样应对金融危机的方案。欧盟作为当今世界经济舞台上的一大"玩家",自然也拿出了自己的危机应对方案。2008 年 9 月,欧盟开始采取行动以应对金融市场的种种问题;2008 年 12 月,欧盟各成员国一致同意,发起了一个所谓的"欧洲经济复苏计划"(EERP),以减轻危机对欧盟的影响,并为欧盟经济的早日复苏提供政策框架;2009 年 3 月,欧盟各成员国的首脑再次汇聚一堂,讨论"欧盟经济复苏计划"的执行情况、最近出现的新问题,并酝酿出台金融稳定和复苏的新举措。对欧盟出台的一整套危机应对的政策方案进行分析,对同样处于危机之中的中国不无裨益。

两个基本点、一个重要原则

在此次的"欧洲经济复苏计划"以及 2009 年 3 月各成员国首脑的再次讨论中,欧盟政府始终强调危机应对中的"两个基本点"和"一个重要原则"。

第一个基本点是要向经济体注入购买力和信息,以刺激市场需求,恢复市场的信心。欧盟作出承诺,各成员国以及欧盟政府将紧急注资 2000 亿欧元,即欧盟 GDP 规模的 1.5%,用以刺激"稳定与增长法案"中所说的需求,包括企业的需求、消费者的需求。这两种需求既

---

① See Niall Ferguson, Complexity and Collapse, Foreign Affairs, 2010, March/April. 参见〔美〕大卫·伊格内休斯:《瘫痪的帝国》,载《经济观察报》2010 年 3 月 9 日;赵红军:《美国到底强大在哪里》,载《经济学家茶座》2008 年总第 35 辑;赵红军:《小农经济、惯性治理与中国经济的长期变迁》,上海人民出版社、格致出版社 2010 年版。

是经济体中需求的主体，也是市场生产、交易活动的主体。如果这两种主体恢复了市场信心，欧盟经济体的市场需求就会有可靠的保障。

第二个基本点是通过在短期采取各种各样的行动，以增强欧洲长期的竞争力。欧盟旨在通过一系列的计划，对经济体进行“聪明的投资”，也就是投资于未来发展所需要的那些技能，投资于能创造就业和节省能源的新能源技术，投资于能降低能耗和环境污染的清洁技术，投资于能提高效率和创新的基础设施和国家间的网络互联等。与此同时，通过此次的“欧洲经济复苏计划”，欧盟还要帮助各成员国开放对中小企业的新型融资方式，降低这些企业的行政负担，并大幅度进行基础设施的现代化和升级，为欧盟企业提供良好、低廉的基础设施和社会设施支撑。

一个重要原则是在进行经济复苏的行动中，保持内部的团结和社会的公平。欧盟认为，只有这样，才能充分发挥欧盟在规模经济、效率改进等方面的优势，才能让欧盟团结一心，从容应对危机。

四个优先领域

除了以上两个基本点和一个重要原则之外，欧盟还着力强调四个主要优先投资和解决问题的领域。

第一，与人民生活、就业、福利、安全等密切相关的领域。即在经济复苏和救助的过程中，人永远是被放在第一位的，这正是欧盟长期以来所宣称的“以人为本”的题中应有之义。

第二，与企业的投资、生产、产品销售、运营成本降低、管理、创新等密切相关的领域。比如，如何保障中小企业能得到与大企业均等的融资机会，如何保障企业运营成本逐步降低，如何促使企业进行技术创新和技术升级等。

第三，基础设施和能源领域，主要是解决整个欧洲国家的基础设施建设、清洁能源的开发、住房清洁能源的使用等问题。因为基础设施和能源设施是一个社会公民、企业生产和经营活动赖以进行的重要硬件，如果这些设施供给不足、质量不好、效率不高，就必然会影响欧盟经济的高效运行。

第四,关注未来的研究与创新,增加在研究与开发、教育等领域的投资。这些投资尽管属于长期投资,可能需要几十年甚至上百年才能回收成本,但人类社会区别于动物的根本之处就是人类能未雨绸缪,进行长远规划,能更加科学地创造未来所需。

十个方面的行动计划

在“欧洲经济复苏计划”中,上述四个优先解决的领域涉及以下十个方面的具体行动计划:

第一,就业支持行动。欧洲委员会提议简化个人申请“欧洲社会基金”支持的标准,并允诺从2009年开始对个人进行提前的资金资助,总额达18亿欧元,主要用于低技能工人的职业规划、强化培训、再就业培训以及技能提升培训;给予那些自主创业的企业和个人资金支持,给予企业成本上的资助;给予那些最需要救助的弱势群体资金支持和融资支持;与大学、公共就业服务和社会力量密切合作,让人才能够与企业的发展、所需的技能相互匹配。此外,通过设立欧洲“全球化调整基金”,干预经济的重点领域,为企业提供补贴和资金支持,目的是让企业保留工作岗位,储备人才,以备经济好转之需;为企业暂时性的弹性工作时间安排提供经济支持。

第二,创造劳动力需求岗位。比如,欧盟承诺降低对企业雇用低收入人员的社会收费,目的是促进低技能工人的就业;引进一些具有创新性的解决方案,比如对家庭和婴儿看管发行服务票据,对弱势群体就业发放补贴,并对劳动密集型的服务业进行增值税减免等;要求各成员国的人力资源自由流动,促使工人技能和市场需求相互匹配,加强成员国之间的管理合作和协调,为欧盟工人和人力资源提供职业指导;根据未来所需,对工人进行未来所需技能的培训,迎接低碳经济和知识经济的到来等。

第三,增加对企业的融资。比如,欧洲投资银行2008年为中小企业提供了总额为300亿欧元的贷款,这一数字比上一年净增加了30%;对欧盟经济关键领域的中型企业追加10亿欧元的贷款;简化国家资助企业的程序。根据《里斯本条约》,推进研究、创新、培训、环境保护和清洁技术、交通和能源效率方面的资助；同时，对那些投资超过欧盟环境标准的企业进行补贴和贷款优惠。

第四，减少企业的行政负担并促进企业家才能的培养。在《小企业法案》的基础上，为了大幅度减少企业的行政负担，增加公司的现金流，让更多的人成为企业家，欧盟以及各国政府承诺：无论人们在欧盟什么地方成立新的企业，都会在三天之内办完所有的手续，并且不收任何费用；取消个体企业每年的账户资金限制，将开办新企业的资本限额限定为1欧元；从2009年开始，中小企业进行跨国界经营不受任何限制，面临的公司规章全部统一。

第五，通过投资，使欧洲的基础设施现代化。欧盟在2009年和2010年，动员额外的50亿欧元用于欧洲内部能源互联和宽带网络基础设施建设；2007—2013年，向各个成员国和地区提供3470亿欧元的金融支持。另外，欧盟承诺，提前融资45亿欧元，用于企业的结构转型。欧盟还提出一系列的措施，目的是推动主要投资项目的实施，促使企业使用金融工程基金，简化货款的提前支付规定，在均等比率的基础上扩大基金的支出。

第六，提高建筑的能源利用效率。欧盟和各成员国还将采取紧急措施，提高居民住房和公共建筑内的能源利用效率，推进绿色节能产品的使用。比如，欧洲将实施最高级别的能源使用效率标准，并颁发相应的能源证书；对于那些达到能源效率或者节能的企业进行财产税收减免等；通过重新制定欧洲的结构基金制度，让更多的投资进入具有能源效率的项目中去；和欧洲投资银行及相关国家的银行发起一个“2020能源、气候变化和基础设施基金”；敦促各成员国和相关产业开发创新融资基金。

第七，促进绿色产品的快速普及。比如，降低对绿色产品和服务的增值税率，旨在提高建筑的能源利用效率，给予消费各种激励，鼓励消费者使用环境友好型产品。此外，各成员国还应该对外部的电力设备、备用电力消费以及安装顶灯和日光灯等实施环境绩效标准检验；对其他节省能源的电视机、内部照明、冰箱、冰柜、洗衣机、电饭煲、空调等进行相关的经济激励。

第八,增加在研究与开发、创新与教育上的投资。各成员国和私人部门都应该增加在研究与开发上的投资,目的是促进经济增长和生产效率的提高;同时,还应该增加私人部门在研究与开发上的投资,为这些行为提供财政和经济上的刺激、补助或者补贴。此外,欧盟还应该推广公共和私人部门在这方面的合作,修改相关的法案,为未来的发展进行人才培训。

第九,开发企业和建筑的清洁技术。为了支持制造业的创新,特别是建筑业和汽车业的创新,欧盟建议建立三种公共和私人部门的合作关系:一是在汽车部门,推出欧洲绿色汽车行动,促进在可再生能源和非污染能源使用、安全和交通快捷性方面的技术突破,为汽车制造厂和生产者提供贷款,投资额为 50 亿欧元;二是在建筑领域,推进绿色技术和高效能源体系、材料等方面的建设,鼓励地区和当地政府采购网络和标准的建立,投资总额为 10 亿欧元;三是促进制造业的技术应用,帮助中小型企业通过开发和一体化,比如工程技术、工业工艺和先进材料等的应用,以应对全球竞争压力,估计总投资额为 12 亿欧元。

第十,建立普及大众的高速因特网。高速因特网的使用可以促进快速的技术溢出,推动创新性产品和服务的需求,其重要性不亚于 19 世纪的铁路建造。为了使欧洲成为固定和无线通信方面的领先者,并促进高附加值的服务,欧洲承诺加速因特网技术的升级和延伸,在 2010 年让高速因特网覆盖全欧洲。同时,升级现有网络的质量和运行效率,促进光纤网络的投资,建造无线宽带技术。2009—2010 年,欧盟在这方面的总投资为 10 亿欧元。

欧盟危机应对给中国的四点启示

欧盟一系列危机应对的举措给中国至少以下四点启示:

第一,欧盟的此次危机应对虽着眼于当前的燃眉之急,但其危机举措却是要培养欧盟经济长期的竞争力。比如,欧盟主张在整个投资和经济恢复的过程中,对经济体进行“聪明的投资”。这种着眼于当前、关注长远的可持续发展眼光值得中国学习。事实上,研究与开发能提高中国长期的竞争力，教育能促使中国人力资本水平的提高，促使人的全面发展。但是，中国此次的危机应对似乎并没有给予研发、教育和长期发展所需的一系列相关制度改革足够重视。比如，教育部门仍然是计划经济时代的一个缩影，教育资源的公平性仍然没有很好地体现，从事创造性工作、对经济具有巨大正面外部性的研发人员的报酬仍不尽合理，私人对研发、教育的参与仍需要进一步加强等。

第二，欧盟历来重视中小企业，因为很长一段时间以来，中小企业一直是欧盟经济的主要组成部分。比如，欧盟各成员国有《中小企业法案》，而欧盟还有《里斯本条约》。在此次危机应对的过程中，欧盟通过法律的形式对这些企业的融资、行政负担缩减、提高公共治理效率等作出具体承诺，比如成立新企业三天办完所有手续，企业注册资本限制为 1 欧元等。如果从这方面看，中国本应该做得更好。因为中国民营经济、中小企业的发展已成为最主要的经济形式。比如，2008 年，中国民营经济占 GDP 的比重已经超过 65%，占 GDP 增加值的 70%—80%，占全国工业产值的 65.24%，占全国总利润的 57.98%，占全国新增就业总量的 80%；创造的技术创新比重占全国总技术创新的 75%，占全国总发明和专利的 65%，占全国发明和创造的新产品总数的 80%。1999 年，中国不少研究机构开始研究成立民营银行以解决民营中小型企业的融资问题。但是，时至今日民营企业、中小企业面临的融资难题仍没有得到很好的解决，这不能不令人深思。

第三，欧盟善于通过各种财产税、增值税减免的形式，对关系欧盟长远发展、能提高经济体竞争力的产业提供优惠，促使企业进行结构和战略转型。比如，欧盟对那些达到能源利用效率或者节能的企业给予财产税减免；通过欧洲结构基金的引导，让更多的投资进入具有能源效率的项目、产业或者绿色环保的产业中去。中国长期以煤为主的能源结构还没有发生很大变化，企业对环境的污染十分严重，能源利用效率并不高，新能源的开发也并不先进，清洁技术的普及仍需要加强。中国今后可以更多地借鉴欧盟在这些方面的税收减免等制度形式，给予企业足够的经济刺激。早在 1999 年，中国就提出“西部大开发”的问题，而 1999—2005 年的确是这样一个进行战略转型的好时机。但是,这一时期出台的政策大多是指导性的,没有相应的财政、税收等制度形式相配合。结果,这种进行结构和战略转型的黄金时期就被白白断送了。在此次的4万亿基础建设投资中,也缺乏财政、税收等制度上的刚性激励。

第四,欧盟政府服务企业的意识与降低企业行政负担的做法值得中国借鉴。比如,欧盟花大力气进行基础设施建设,对欧洲内部能源互联和宽带网络基础设施建设进行公共投资,能降低企业的运输成本,提高企业的运输效率。对比中国近年来的基础设施建设,虽然取得了很大进步,但政府在其中的公共投资较少,而基础设施投资、建设和运营方面的过度市场化也成为企业和大众经营以及生活成本过高的一个重要因素。此外,企业行政负担太重,政府在一系列社会公共服务改革方面的落后和投资不足,市民医疗成本、住房成本、生活成本的居高不下,也成为阻碍中国和谐社会早日建立的重要因素。因此,在当前的金融危机背景下,如何改变这种现状,提高政府服务公民、服务企业的意识和效率就变得比以往任何时候都更加重要。

(发表于《西部论丛》2009年第4期)

美国经济转型,“中国制造”该如何应对?

近三四年来,有关美国经济转型对世界或者中国的影响似乎成了媒体乃至经济学家讨论的热门话题。从大家的讨论来看,并未达成多大的共识,相反,分歧依然十分尖锐。在我看来,要真正回答这个问题,就不得不回答下面两个密切相关的问题:第一,美国是否真的在进行经济转型?第二,如果美国真的在进行经济转型,中国到底该如何应对?

美国是否真的在进行经济转型?

有关第一个问题,答案似乎并不十分确定,尚需要更长的时间才能得到较好的回答。因为从短短的过去三年多美国各项宏观经济指标来看，有关美国经济转型的信息似乎仍然是模棱两可的。比如，从工业领域的就业比来看，2008 年为 19.89%，2009 年为 17.10%，2010 年为 16.7%，似乎仍在继续下降。从就业人口占总人口的比重来看，也存在着类似的下降趋势，2008 年为 47.79%，2009 年为 43.5%，2010 年为 41.5%。从外国直接投资的净流入量来看，2008 年为 3320 亿元，占 GDP 的比重为 2.34%；2009 年分别下降为 1390 亿元和 1.0%；2010 年有所回升，分别为 2700 亿元和 1.87%；2011 年又有所下降，分别为 2570 亿元和 1.71%，呈现出上下波动的不稳定趋势。

但是，从某些指标来看，我们似乎也发现了美国经济转型的若干正面迹象。比如，从制造业增加值占 GDP 的比重来看，2008 年为 21.13%，2009 年为 19.56%，而 2010 年开始上升到 20.03%。从全社会固定资产投资占 GDP 的比重来看，2008 年为 17.82%，2009 年为 15.19%，2010 年为 14.43%，2011 年为 14.69%，也存在一定程度的止跌回升态势。从固定资产的年度增长率来看，2008 年为 -5.78%，2009 年由于受金融危机的影响而大幅下降为 -16.08%，2010 年为 -0.47%，而 2011 年为 3.97%，也存在好转的趋势。从全社会的电力消费量来看，2008 年为 4150 亿千瓦时，2009 年为 3960 亿千瓦时，2010 年回升到 4140 亿千瓦时。从货物出口值和服务出口值来看，都出现了金融危机以来止跌回升的态势。2008 年货物出口值为 1310 亿美元，服务出口值为 5310 亿美元，2009 年分别下降为 1070 亿美元和 5010 亿美元，2010 年上升到 1290 亿美元和 5440 亿美元，2011 年继续上升到 1500 亿美元和 6030 亿美元。

问题是，美国宏观经济指标好转到底是美国经济向危机前的正常状态恢复还是美国经济转型的正面信息？从现有信息来看，两方面似乎都存在。第一，美国金融危机 2008 年酝酿，2009 年爆发，2010—2011 年发展，现在似乎正在恢复至危机前的水平。自 2009 年奥巴马总统首次提出经济转型以来，很多政策和措施得以出台。二者在时间上存在着重叠，我们无从准确判断何者为主、何者为次，也难以彻底分清彼此的影响。第二,如果从国际经济竞争和国家竞争的角度来看这个问题,则宁可信其有,不可信其无。原因是,如果我们要完全等到美国经济转型的所有确切信息都出现并得到证实以后再作出反应,对中国或世界而言,恐怕就为时已晚了。所以,对下面这个问题的回答就显得非常必要和迫切。

美国经济转型,中国到底该如何应对?

首先,美国经济的"转型"到底是制造业的全面回流,还是制造业中高附加值、高科技、高端制造业的回流?其实,有关这一点,从2012年美国总统大选中罗姆尼与奥巴马的辩论就能发现真相。罗姆尼做过州长,有着很强的恢复美国经济的雄心。但是,从他有关美国制造业全面回流的回答中,我们就能猜测他并不是经济方面的行家里手。因为美国的企业是完全理性的利润最大化者,当年它们为什么吵着要大举进军中国市场,进行各种形式的外包、合资与独资生产?恐怕原因就在于中国拥有与美国相比更加低廉的劳动力成本,正是这种巨大的劳动工资差距,推动了美国企业在中国市场的投资。与罗姆尼的回答相反,奥巴马的回答非常清晰和理智。他认为,美国制造业的回流绝不会是所谓的"全面回流",相反只可能是那些对工资不敏感,相对高科技、高附加值、高端制造业的回流。如果说美国能采取措施将一部分制造业拉回美国的话,恐怕只能是这部分制造业,而不是所有制造业。由此,我们可以判断,美国经济转型对中国经济或者企业的影响不会那么明显、严重。换句话说,目前占中国经济大部分比重的是劳动密集型产业,受美国经济转型影响的制造业可能是那些高端、高科技、高附加值制造业,而不是所有的"中国制造"。

其次,如果说美国经济转型影响的是中国高附加值、高科技和高端制造业的话,那么它对中国经济的整体影响将不会太大。原因是,目前"中国制造"中相当一部分是劳动密集型产业,中国在高端制造业领域就业的人数也不是特别多,这样美国经济转型对中国劳动密集型产业就业的"挤出效应"本身就不会很大。因此,无论是从正面的竞争还是从劳动力市场的竞争角度看,我们都无须表现得太过紧张。相

反,对于中低端的中国制造业而言,倒是可以趁机利用以下两条策略,有利、有理、有节地对美国经济转型进行应对:

(1) 在国内市场上,快速进军中西部广阔市场,响应中国政府西部大开发的号召,在当地开厂设店,扩大中低端制造业产品在当地的销售和本地化,延长这类产品的生命周期。

(2) 在国际市场上,提高中国产品在欧洲、非洲、南美洲等国际市场的占有率,或者通过直接投资的形式,绕过当地的贸易壁垒,去当地投资设厂,进行本地化生产与运营,赚取中国利润;或者加大与相关国家的贸易合作,深化与这些国家的经济、贸易和外交关系,塑造中国产品、“中国制造”进军这些国家市场的良好内、外部经营环境。

再次,对中国相对高端的制造业而言,美国经济转型对它们与其说是坏事,还不如说是好事。因为美国在高端制造业、高附加值和高科技制造业的回流,将逼迫中国相同或者类似产业的发展,迫使这些产业加大在高科技、智能化、电子化、信息化等方面的技术创新和研发力度。事实上,看看近年来“中国制造”的发展趋势就知道,中国早在五年前就发出了制造业转型升级的号召,要求全国的制造业以及各级地方政府采取措施,提高对企业转型升级的支持力度。从今天的趋势来看,中国高端制造业恐怕也只有这“华山一条路”了。

最后,从更高、更长远的层面来看,可以通过遍布全球的孔子学院,以中国文化—中国商务—中国制造为纽带,打造一个文化与商务、贸易与投资、外交与经贸相互联结的“中国制造”的全球化运营模式。从区域上说,如果北美市场不行,可以开拓欧洲市场、南美洲市场,特别是非洲市场,这些都是我们广阔的舞台。就像习近平总书记在南非德班会议上的致辞所说的那样:“中非关系,只有进行时,没有完成时。”在我看来,对于“中国制造”而言,这个“进行时”可能也包含着通过遍布全球的孔子学院,从文化到商务,再到“中国制造”,用这一纽带来应对美国经济转型的影响,恐怕这将是“中国制造”应对任何外国经济转型的最好策略选择。

(发表于《智富时代》2013 年 4 月号)

中国如何应对 TPP?

TPP 是《跨太平洋伙伴关系协议》的简称。2005 年 6 月的时候,它仅是一个由文莱、智利、新西兰和新加坡四个小国发起的旨在推动这些国家间自由贸易的组织。但是,自 2008 年 2 月美国加入并主导该组织以来,该组织的成员迅速扩人,活动也一下子变得日益频繁并迅速引起全球的广泛关注。特别是 2015 年 10 月 5 日,TPP 的 12 个谈判国在美国佐治亚州亚特兰大宣布达成协议,初步同意在 TPP 范围内进行自由贸易,并在投资、知识产权等广泛领域统一规范。于是,有关 TPP 的性质、目的与中国应对之类的问题,便从研究层面转向了公众的视野。

TPP 到底是个什么性质的组织?它的用心又何在?截至目前,学界已经非常清楚。即它是一个以美国为主导的,旨在推动成员国贸易、投资、服务自由化,货币自由兑换,税制公平,劳动者权益、知识产权和环境得到有效保护,信息相对自由的更高标准的 WTO。

相对于 WTO 而言,TPP 试图建构的更高标准主要体现在以下三个方面:第一,WTO 的主要目标旨在降低关税,推动贸易自由化;而 TPP 试图建构的不仅是贸易自由化,更是投资、金融、保险等服务业的自由化,同时还非常注重产业背后的服务体系、治理体系的一体化。可以说,TPP 所设定的贸易投资规则、制度协同等标准更高。第二,WTO 主要是国家层面的一个关税同盟,而 TPP 试图建构的乃是一个超国家的"经济俱乐部"。在这个"俱乐部"里,各个国家的贸易、投资规则,乃至法律、税制、知识产权、国有企业私有化、环境保护、劳动的权益等,都要在较大程度上实现协同和一体化。第三,相对而言,WTO 更是一个经济和关税同盟;而 TPP 试图建构的不仅是一个关税同盟,在一定程度上还是一个政治和军事同盟。这从 TPP 的成员就可看出,即主要包括太平洋沿岸与美国存在一定价值观体系认同和很大军事利益,同时与中国存在一定心理距离的亚太国家或者地区。

从这三个不同于WTO的特征来看,TPP背后的险恶用心就昭然若揭了:第一,全面介入亚太经济整合进程,对美国的FTA战略进行调整和重新布局。比如,原先美国热衷于建立北美自由贸易协定(NAFTA),后来却因其地理范围太小,对美国战略意义不大,不再对之深化。相对于NAFTA而言,TPP具有更大的地理覆盖面——环太平洋的广阔地区,对美国战略意义更大,因而美国从与TPP的不相关迅速变为主导。第二,在现有的WTO框架下,欧洲占据主导地位。在其中,中国虽然是一个后来者,但由于WTO带给"中国制造"巨大的国际市场潜力,中国的比较优势迅速得到释放和发挥。于是,中国已越来越成为WTO框架下的受益者、WTO规则的参与者乃至建构者。在这种背景下,美国之所以主导这个由四个小国发起的TPP,根本目的就是以此主导21世纪新的贸易投资规则。第三,美国仍然是一个主权国家,是一个经济和军事超级大国,而不是真正意义上的,如自己所标榜的中立的"世界警察"。因此,TPP背后美国的真正用意当然是,打造和升级"美国制造"的竞争力,对美国的"五年出口倍增计划"提供战略保障,让更多的先进制造业回流美国,缓解美国国内的就业压力。

TPP的险恶用心不仅仅是一个"美丽的童话",其背后的战略配合就是军事上的重返亚太或者"亚洲再平衡"战略。亚洲到底怎么了,需要美国来再平衡?一方面,美国放弃了针对北美自由贸易区的"深耕细作";另一方面,却积极投身于亚太经济伙伴协作协议的"精心耕耘"。一方面,美国"一家独大"的经济和军事霸权在全球不断衰落;另一方面,却身体力行地鼓动南海周边的海权声索国,宣称自己要以军事"重返亚太",坚决捍卫"大家"的"航行自由"。在过去的半个多世纪,美国这种经济和军事两手相互配合的战略,想必已经为那些具有战略眼光的国家和研究者所一览无遗。然而,对于越来越动听、越来越显得真实的说辞和理论推理,仍有不少国家和人为之蠢蠢欲动。很显然,美国的目的就是构建另外一个更高标准、中国没有比较优势而自己却有绝对优势的“朋友圈”,以遏制中国的经济和军事崛起。

TPP 对中国经济的影响到底有多大?一方面,这主要取决于 TPP 的落实和实施的时间到底有多快。目前,尽管谈判已经在基本的原则上达成协定,但 TPP 要最终落实,美国至少需要 90 天的时间,日本、澳大利亚、韩国、新西兰、越南等国则需要半年乃至一两年走国内法律程序。在这半年到一两年的时间内,中国肯定会作出反应,中国经济“创新驱动、转型发展”的步伐肯定也会加快。

另一方面,TPP 对中国经济的影响还取决于中国怎么应对。从中共十八大以来两三年的中国经济发展态势来看,中央对此早就有清晰的预判:第一,在中国的家门口开辟四大自贸区,进行投资和贸易新规则、负面清单管理模式、事中事后监管模式的探索,目的就是要测试中国参与全球经济融合所能承受的压力。第二,中国经济已经在一定程度上改变了片面进行产品出口的早期思维,广泛运用诸如“一路一带”“长江经济带”“京津冀协同发展”等区域性、跨区域性的地区与国家战略,从而开拓中国投资、贸易领域与周边国家共同发展的开放型经济新格局。例如,亚洲基础设施投资银行、丝路基金等已经拥有众多国际参与者。所有这些,在很大程度上就是为了缓解 TPP 对中国经济所造成的短期影响,同时也带动中国产品生命周期的跨国延伸,探索推动中国企业、中国投资和贸易走出国门的新路径。

从微观层面看,中国对于 TPP 的应对,其实完全可以从如下几方面迅速展开:第一,针对 TPP 对中国经济的影响,在可计算一般均衡的分析框架下迅速进行预测和判断。目前,商务部、国内一些高校在这方面的研究就值得借鉴。第二,在此基础上,寻找中国经济受到影响和冲击的产业和部门及其在国内的地理分布状况,迅速开展具有针对性的应对策略研究,并将研究报告和建议提供给国家相关部门。第三,迅速开展针对这些产业和部门的升级、转型与创新驱动,开拓新市场,以减少 TPP 对这些产业和部门的短期影响。第四,在国际层面,积极主动地申请加入 TPP,争取与 TPP 展开谈判,从战略上战胜对手,同时针锋相对地推动中国与相关国家的自由贸易区谈判,从实质上瓦解和削弱 TPP 对中国的负面影响。第五,扎扎实实落实中共十八大以来中央有关经济发展的宏观战略,如全面深化改革、依法治国等,稳扎稳打,夺取应对 TPP 这场战役的最终胜利。

(发表于《时代周报》2015 年 10 月 20 日)

第四章

上书政府“新建议”

咸水淡化：中国可以做得更多、更好

现在，水成了人类生活、生产活动中最重要的资源之一。其实，早在几千年前，人们就认识到这一重要性，只是那时水的作用仅仅体现在农业生产和人类生活等方面。如今，它已经成为农业、工业、服务等行业必不可少的最重要的资源之一。要知道，每个人每天需要喝1.85升水才能保持健康生存，而要生产一件普通的T恤衫就要耗费2700升水，生产一吨钢需要耗费15吨水，三口之家一个月的用水量约为200—250升，一个人洗一次澡需要用水60升左右……随着人口的急剧增加以及中国“世界工厂”地位的确立，缺水已经成为中国绝大多数城市不得不面临的重大现实问题。

如今世界各国都纷纷倾资投入咸水淡化，并取得了很大的成效。比如，仅仅美国就有1500多家咸水淡化工厂。据估计，到2016年，美国咸水淡化的生产能力会扩大一倍。截至2008年6月30日，全世界的咸水淡化工厂已达约14000家，其中约1/4集中在波斯湾地区。到2008年，咸水淡化能力居前10位的国家中，沙特第一，阿联酋第二，美国第三，西班牙第四，科威特第五，阿尔及利亚第六，中国第七，澳大利亚第八，利比亚第九，以色列第十。[①]

中国在这方面的投资虽然增长很快，但是由于两大原因使我们面临的形势更加严峻：第一，中国人口多，因而缺水的程度也更加严重；

① 相关数字来自美国《财富》杂志2009年12月，第80页。

第二,由于中国已成为“世界工厂”,因此生产中所耗费的淡水将比其他国家多。从某种程度上可以说,我们以各种廉价的工业用品、生活用品供养了世界,到头来我们生活、生产、生存的重要水资源却变得比其他国家更加稀缺。必须改变这种现状,否则中国人就真正成为“世界上最傻的老好人”。为此,我特提出如下建议:

第一,迅速出台咸水淡化的国家行动计划,加快咸水淡化方面的投资和技术引进,缩小与发达国家以及中东国家的差距,从而为提高中国在这方面的利用能力,减轻全国淡水缺乏的压力奠定基础。

第二,咸水淡化行业和其他工业行业一样,行业规模的扩大将会大大降低咸水淡化的成本。从目前来看,美国咸水淡化的成本已经和淡水使用的成本相当。随着咸水淡化行业规模的进一步扩大,美国咸水淡化的成本将会进一步降低,淡化水的民用和工业使用将会实现。对中国而言,应加快这一行业的市场开放步伐,鼓励民营、私营、外资经济进入这一行业,扩大这一行业的规模,为淡化水的民用和工业使用创造有利的市场条件。

第三,中国有开展咸水淡化的有利条件,应分层次、分地区,推出不同的行为计划。青海湖、纳木错湖、色林错湖、乌伦古湖、羊卓雍错湖是中国的五大咸水湖,这些湖所在的地区也是中国最缺水的地区。因此,应尽快出台在这些地区进行咸水淡化的试点和推广工作。对于靠近海洋的东部、南部地区,也应鼓励企业进行咸水淡化的投资与开发,并进行系列产品的研发,减少东部地区对淡水的依赖程度,同时为河流上游、中游的灌溉和淡水使用减少压力。

第四,鼓励有条件的高校和科研机构对中国咸水淡化的经济可行性、经济成本、未来需求市场、可能产生的经济后果、与发达国家的差距和比较优势等开展研究,为咸水淡化创造最为有利的科研条件。

第五,鼓励中国有条件的高校和科研机构加强与美国一些国家实验室的合作,以外派访问学者和鼓励进行博士后合作研究的形式,学习、吸收和消化这些实验室的研究成果,为中国今后在咸水淡化方面的技术研究和应用等创造条件。比如,Sandia National Laboratories 就是美国研究咸水淡化的一个重要研究机构。

第六，目前世界上咸水淡化的主要供应商集中在西班牙（Befesa Agua）、美国（GE Water）、韩国（Doosan）、意大利（Fisia Italimpianti）、法国（威立雅）等国家和地区。比如，西班牙的公司与中国青岛的厂家有合作，而其他公司与中国的合作都还没有启动。因此，建议中国领导人，包括各城市的领导人在出访这些国家、地区或城市时，带领企业团队考察这些工厂，为中国企业引进咸水淡化的设备，加强在这方面的合作和合资创造良好的政治和宏观条件。

注：该建议已提交上海市欧协与全国政协。

尽快跟进“稻米加工循环经济”

人们都知道“牛羊浑身宝”这个基本的生活常识。比如，它们的肉可食用，它们的皮、毛可以做皮草，它们的角可以做工艺品。其实，大米也浑身是宝。然而可惜的是，绝大多数人，包括年年耕种大米、收获大米和加工大米的农民，甚至一些管理部门，恐怕对此都不完全知晓。这也不奇怪，谁让科技的发展如此迅猛！

2012 年 8 月 11 日发表于《文汇报》的《一粒稻谷引发的革命》作出了相关报道：大米的第一层外衣叫作“稻壳”，以往农民都是将其随意丢弃在路边。它到自然界后，通常需要 5 年的时间才能完全降解。可是，现代的科学研究发现，如果把它放到电锅炉中燃烧，却能产生高温、高压的蒸汽并可用之进行发电。最新的研究表明，一吨稻壳的发电量相当于 0.67 吨煤的发电量，而且采用这种方式发电还没有二氧化硫的排放，烟尘等污染物也会大大减少。不仅如此，这个稻壳燃烧后的稻壳灰也是个“宝”，经过高科技的研发，它能制成所谓的白炭黑和天然助滤剂活性炭。白炭黑是塑料、橡胶、涂料、油墨、造纸、农药以及牙膏等产业不可缺少的助剂。据预测，中国每年约需要 50—60 万吨的白炭黑，其中 90% 依赖国外进口，国内仅能生产的 10% 的白炭黑也是来自高污染、高成本的矿石加工。

大米的第二层外衣叫作“米糠”，在国内，人们常常将它当作猪饲料来用。其实，这是最不经济的一种使用方式。如果对米糠进行加工，就能生产出米糠油，其营养价值几乎和大豆油没有两样，而且还具有很好的保健功能。榨油之后的米糠粕还可以继续深加工，并可从中提炼出米糠蛋白、膳食纤维、肌醇，其油脂精炼以后的副产品还能提取出卵磷脂、甾醇、谷维素等高附加值产品，作为其他产业的原料使用。

这一“稻谷加工循环经济”的效益非常显著，前景也相当广阔。目前，黑龙江的三江平原已经出现了全国第一家水稻加工、米糠榨油、稻壳发电及其相关的高附加值产品加工工厂，掀起了一场稻谷产业革命。该厂名为“益海(佳木斯)粮油加工有限公司”，年加工稻米 40 万吨、米糠 7 万吨，年产米糠油 1 万吨，稻壳年发电 2000 万千瓦时，是中国最先进的大米加工企业。相比中国每年水稻产量 2 亿吨，上海市场年需求 200 万吨的规模来说，这样的工厂简直太少了。

鉴于上海如此大的大米需求量与长三角地区如此大规模的稻米生产量，建议上海尽快跟进“稻米加工循环经济”，以助推本市高科技、高附加值大米加工业的发展。具体建议如下：

(1) 在上海大米产量最大的区，如松江区、嘉定区，尽快由市政府或者区政府推动、企业参与，以独资或合资的形式，尽快建立上海“稻米加工循环经济”第一家示范性工厂，从事稻米加工，稻壳发电，稻壳灰生产白炭黑，米糠炼油，米糠粕生产米糠蛋白、膳食纤维、肌醇、卵磷脂、甾醇、谷维素等高附加值产品。

(2) 长三角地区年产大米占到全国产量的 50% 左右。上海位于江苏、浙江、安徽等大米生产基地的中间地区，因此完全可以利用自己在科技、研发领域的优势，与江苏或者浙江合资，在当地兴办一两家代表性的稻米高科技加工企业，并开展相关的高附加值产品的加工与生产。

(3) 就三种主要的稻谷加工副产品在国内市场的需求来说，每年国内白炭黑的市场需求为 50—60 万吨，其中 90% 依赖进口，市场价格为每吨 20—30 万元。中国每年生产 2 亿吨水稻，如果按照目前国内外市场上的米糠油加工效率，理论上，每年可生产米糠油350万吨。由于米糠油与大豆油的效果、含油量和营养价值相差无几，所以相当于增加了1.6亿亩的大豆种植面积，这对于提高中国本已十分稀缺的土地资源利用率、缓解国内种植植物油所需植物占地面积对粮食作物占地面积的挤出效应，都具有重要的意义。每年中国大米加工产生的稻壳约3800万吨，如果都能送到电厂发电，将会产生1266亿度电，相当于2546万吨煤产生的发电量。仅仅从这三项主要副产品的国内市场规模来看，上海进军这一行业将具有非常广阔的市场前景。

(4) 为了更加稳妥地推进这项事业，上海应委托各高校相关专家学者，包括区域和产业经济学者、农业研究者以及稻米加工等相关专家，分别从市场供求、加工的经济效率、技术、生产和安全等方面尽快开展相关的可行性研究，为相关部门提供决策支持。

上海市委、市政府近年来提出“转型发展、创新驱动”的基本发展模式，这是深入考察上海过去多年工业、农业和服务业的基本格局，审慎了解国内外发达国家的发展动向，而作出的一项战略性选择。上海在现代农业、高科技农业等方面已经取得了非常大的业绩，进行了很好的探索，并在某种程度上形成了品牌。因此，上海有理由，也有技术和优势，并且更有可能在“稻谷循环经济”以及由此引发的产业链革命方面作出创新和取得突破。

案例启示：根据上海市国有资产监督管理委员会网站上的相关消息，目前上海已经有企业（如良友集团）与黑龙江相关企业达成了深入发展粮食产销合作的协议，主要目的是将黑龙江的优质大米引进上海市场，为市民提供安全、绿色、优质、营养的大米，并准备在粮食收储、加工、物流设施设备等方面开展深入的合作。其实，上海完全可以在稻米高附加值产品加工等产业链各个环节，与对方开展更加深入的合作，而不是仅仅停留在表面的产销合作方面。

注：该建议已提交上海市有关部门。

让“松江电池环保事件”变成政府环保宣传的一次良机

最近一段时间，有一件事情吸引了上海市松江区很多居民的注意力，它不关乎物价上涨，也不关乎退休工资，而是关乎居住在松江的近200万人口生存环境的清洁和健康，这引起了全国媒体的不小关注（参见《中国环境报》2013年4月26日的报道）。如果这件事情解决不好，还会影响上海市人民政府建设“美丽上海”、松江区人民政府建设“美丽松江”的形象。这件事情就是一家存在严重诚信不良记录的企业要在松江生产很可能带有严重环境污染风险的磷酸铁锂电池，并且从目前所得到的信息来看，相关部门在对如此重大事件的处理和宣传等方面也存在一定的不合理之处。

首先，即将落户松江的这家国轩新能源有限公司的投资方是安徽国轩高科投资公司（简称“安徽国轩”），而该公司过去几年拥有大量不诚信的记录。它起初是一家房地产开发企业，而后逐步转变为一家锂电池生产企业。据资料显示，它在开发房地产项目时就存在非常多的不诚信记录。比如，安徽国轩在从事房地产开发项目期间，存在严重的欺诈和不诚信行为。该公司开发的位于合肥的新K西嘉等楼盘，存在伪造购买者签名，并以之办理在建工程抵押的行为，对楼盘购买者造成了恶劣影响。楼宇建成之后，也曾发生多起该公司与业主间的经济和法律纠纷。另据资料显示，该公司曾经与佛山照明等企业存在内部交易等违法行为。后来，它转而向东莞某公司购买锂电池的专利技术，并开始在安徽生产磷酸铁锂电池。时至今日，该公司生产磷酸铁锂电池的时间并不长。很多居民无法相信一个刚刚涉足电池制造行业而又缺乏最基本诚信品质的无良企业会在其生产经营中真正担负起应有的环保责任。

其次，从电池生产行业内部的情况来看，安徽国轩并非锂电池制造行业的领军企业，甚至都不是一线企业，其技术陈旧、工艺落后，无论是从技术储备、研发制造能力还是管理水平等方面而言，均与锂电池行业的知名企业如比亚迪公司等存在很大的差距。据资料显示，目前国内锂电池的电解液主要成分是六氟磷酸锂，它的污染性比干电池的污染性要高出若干倍，如果处理不好，将对所在地区的水源、生态系统造成不可估量的破坏。另外，锂电池生产要用到钴酸锂、铜、铝、镍等，内部电解液主要成分是硫酸二甲酯、碳酸二乙酯、碳酸乙烯酯，生产过程中会挥发一些有机废气，这些都将对当地的水土造成重金属、废气粉尘等的污染。作为行业领军企业的比亚迪公司在处理类似的问题时也存在种种不足，如该公司在深圳龙岗区锂电池制造厂所产生的粉尘、废气污染，就曾经导致当地居民的强烈反对，并在居民的一致反对下最终搬离当地，另行选址建造（见广东电视台、珠江电视台 2012 年 11 月 8 日的报道）。行业领头企业尚且如此，更遑论涉足锂电制造行业不久的国轩公司，试问它能比比亚迪公司做得更好吗？

最后，对于关系松江上百万居民生活环境、关系上海黄浦江上游水源地环境安危的如此重大的项目的落户，松江区政府相关部门以及上海市相关部门均存在一定的管理疏漏。比如，对于这么大的项目的落户，政府应该举行公开的听证会，广泛邀请松江区、上海市相关居民、驻地企业代表参加，公示立项过程的全部材料，告知全部的环境评估材料，并接受市民的建议和意见。但是，政府相关部门的工作并没有做得这么细致，以至于大多数市民事后才得知。有关这一重大项目的环境评估，只在上海市环境热线（http://www.envir.gov.cn/docs/2012/20121127903.htm）进行了两次环境评估公示，并且公示的内容非常简单，只提到相关的结论是可行的，根本未提及企业要采取的相关应对措施、投资涉及的成本开支、企业或者银行相关部门的资金证明，以及生产过程中如果相关措施失误，对周围环境、人畜等造成的隐含环境风险及其可能的危害等。另外，网络公示的时间只有 10 天。如此等等，只能说明一个事实，即相关部门在处理这些关系到群众生活、关系到每一个居民身心健康的环境问题时，所做的还远远不够。

党的十八大报告指出，经济建设、政治建设、文化建设、社会建设、生态文明建设构成中国特色社会主义事业五位一体的总布局。这些内容相互联系，缺一不可，而生态文明建设显得尤为重要。“建设生态文明，是关系人民福祉、关乎民族未来的长远大计。面对资源约束趋紧、环境污染严重、生态系统退化的严峻形势，必须树立尊重自然、顺应自然、保护自然的生态文明理念，把生态文明建设放在突出地位，融入经济建设、政治建设、文化建设、社会建设各方面和全过程，努力建设美丽中国，实现中华民族永续发展。”

党的十八大报告明确指出了社会主义现代化建设中民主制度建设的极端重要性，要使“民主制度更加完善，民主形式更加丰富，人民积极性、主动性、创造性进一步发挥”。

综合以上内容，我在广泛听取松江大学城一些高校师生建议的基础上，提出以下有关国轩新能源电池项目论证、公众参与等政策建议：

第一，对于关系几十万甚至几百万老百姓生存和环境安危的重大项目，在没有大量细致工作之前，或者在公众存在极大异议的情形下，应暂缓该项目的执行，千万不可操之过急。原因之一是，目前公众对该工厂投资、生产、环保措施、环境风险等信息知之不多，需要政府做大量工作，“晓之以理，动之以情”，否则只会导致政府与公众情绪的对立，非常不利于上海和谐社会的建设，不利于“美丽松江”的生态文明建设。原因之二是，关于该项目的相关环境评估报告等信息，不仅应该通过“上海环境热线”这一网络途径进行公示，而且更应该在松江人民政府网站、松江环保局网站以及周边居民小区和单位门口张贴公告，而不应该与所在地老百姓以及相关单位玩“躲猫猫”游戏。

第二，在项目暂缓执行期间，政府做什么工作？这是至关重要的。很显然，应该做一系列与该项目相关的环保宣传与普及工作，将这次所谓的“环境危机事件”转化为一次环境宣传的有利时机。

（1）上海电视台、松江电视台等组织可专门针对国轩新能源电池项目的专题环境、经济访谈节目，邀请行业内的专家、学者、听众、松江区的相关代表，就这个项目的环境危害、环境风险，这个项目对松江区、上海市的产业发展、区域发展的经济意义进行综合访谈，并向观众直播，以充分利用这次环境事件，增加公众对这个项目、对环境问题的关注，进而普及相关的环境保护意识。

（2）在松江区政协层面，可组织全区的人大代表、政协委员，开展有关国轩新能源电池项目的大讨论，并邀请少数人大代表、政协委员参观安徽国轩的电池生产总部，撰写相关的参政议政意见，供人民政府决策参考。

(3) 从政府层面看，应该组织国轩新能源电池项目的行政听证会，邀请国轩公司周边的小区居民，企业代表，大专院校的环境专家，有关松江产业发展、新能源方面的经济专家，针对这个项目落户松江的经济意义、环境成本以及环保措施的成本与收益展开广泛听证，以争取公众和社会的理解。

(4) 上海国轩新能源有限公司作为受环境评估的对象，它本身出具的环境调查问卷结果不具有法律上的公正性。有关该项目落户松江的调查问卷，应该由松江区环保部门进行，并扩大调查的样本范围和样本数量。如果有可能，最终的问卷调查结果应该及时向全社会公布，而不应该作为少数部门的“秘密”保存起来。

第三，党的十八大召开以后，全国各层次、各阶层老百姓和公民的环境意识快速提升，公民参与社会管理、要求政府公开信息的意识空前高涨，这对地方政府而言完全是一件好事。过去，政府关注经济增长，对于提高老百姓的福利水平、增加当地的 GDP 和财税收入等等都做出了突出的贡献。但是，一旦环境事件发生，政府过去所做的所有成绩都在顷刻之间灰飞烟灭，因为老百姓有一种被欺骗的感觉。党的十八大以后，政府应该充分利用公民意识、参与意识和环保意识提升的契机，在经济发展之前，在引进项目之前，多多宣传，让公民广泛参与。这不仅可以杜绝相关不法企业钻政策法规漏洞的可能，而且可以使公民与政府保持密切的沟通，通过沟通让老百姓成为政府经济决策、投资决策的坚强后盾，同时还能密切党、政府与老百姓之间的血肉联系，成为新时期政府机构改革一个新的突破点。

第四，如果说这次国轩新能源电池项目是一次所谓的“环保事件”的话，那么政府在做了以上变“环保事件”为“环保宣传”的事情之后，就应该全面总结这次环保事件的优劣利弊，进而总结出上海应对类似环保事件的一套详细、有效的应对机制。正如 2003 年的非典事件塑造了北京的医疗应对机制一样，随着上海的更进一步开放，外资、内资企业的更多投资，类似的事件今后可能会一再出现，借此转被动为主动，变不利为有利，做到防患于未然，乃是开放的上海、务实的上海和国际化的上海最应该"身先士卒"的。

注：该建议已提交上海市松江区政协。

上海地铁也是文化宣传的不落舞台

截至2011年，上海市营运的地铁线路总长度达401公里，投入营运的线路多达11条，每天运送的乘客人数在300万至500万之间。上海地铁无论是从总营运里程还是线路覆盖面来说都跻身世界前列，对于上海交通的畅通、广大企事业单位的日常运营以及老百姓的生活与出行便利都发挥了非常大的作用。在短短的二三十年的时间里，上海地铁建设能够取得如此巨大的成绩，不能不说是人类地铁建造史上的奇迹。然而，随着时代的发展，人们生活水平的不断提高，特别是《中共中央关于深化文化体制改革　推动社会主义文化大发展大繁荣若干重大问题的决定》出台以后，我们发现，如果从上海地铁所能承担的文化传承以及人性化、合理化和国际化这一更高的要求来看的话，上海地铁的站点设计和运营却与上海这座城市的深厚历史、文化传统存在着不小的差距。

比如，上海地铁站的结构太过单一，几乎所有的站点都采用两层三跨——站厅层和站台层分开、两条列车轨道和一个站台空间——的简单结构，这种结构的优点是建造成本低，容易快速复制和建造；而其缺陷是给乘客单一、刻板、冷漠的感觉。[①] 其实，乘客们生活在上海这个大都市，一方面，需要的是方便、成本低廉的地铁乘用服务；而另一方面，地铁还应带给他们美好、新奇、变换的新鲜感与视觉享受。一些

① 有关上海地铁站结构单一的内容，可参见《新闻晨报》2011年8月25日A6板的相关报道。

国外地铁站点的设计，给人的不仅是一种视觉上的享受，更是人们产生新概念、新想象、新灵感的地方。

又如，上海地铁站点的立柱上、站厅的两旁，大多是清一色的瓷砖色，要么就是商业氛围很浓的广告，给人的感觉是这座城市很呆板，更缺乏概念、想象和创意。到了这样的地铁车站内，人们仿佛感觉到，这座城市大概只有富裕与成功人士，在这里，儿童、学生、教师、医生、打工者等都找不到跟他们生活、学习、工作相关的任何片段。其实，上海不仅是座英雄、革命和传统的文化城市，更是个中西合璧、国际化的现代城市。可为什么在这里，我们却找不到与这些文化传统相联系的设计理念呢？

此外，上海地铁站台人均 30 平方米的换气量，与国外相比，至少缩水了一半（参见《新闻晨报》2011 年 8 月 25 日 A6 版的相关报道），这给人的感觉当然是胸闷。另外，站点的设计层高太低、出口闸机太少，或者虽然有闸机，但并没有完全启用等，也是重要的安全缺陷。

还有，外国人购买车票的难度很高，主要表现在他们虽然知道要去的地方，但在一个由十几条线路组成的庞大地铁网络图中，根本就无所适从，到底该乘哪一条地铁？在哪里换乘？现有的自助购票方式与国际上其他城市的购票导引很不一致，更让外国人摸不着头脑。

鉴于以上种种，我在此提出上海地铁站点设计、运营之若干建议，以期望上海地铁的建设和运营不仅能实现其运送乘客的基本服务功能，而且也能承载更多的文化内涵，使之成为文化宣传、文化传承和文化激励的“交通巨龙”。

（1）上海地铁线路与站点的颜色设计应该相互匹配，设计和装修风格也应该相互迥异，而不是千篇一律。在芝加哥、纽约、巴黎等世界级城市，地铁线路的标识通常并不采用数字代表，而采用不同的颜色，这给人的感觉不仅是更加人性化，而且也更容易记忆和辨识。鉴于上海地铁线路较多的特点，我建议，将每一条线路与特定的颜色相互对应起来，并且每条线路的站点颜色也与地铁线路的颜色相匹配。对于换乘站点的颜色设计，也应该合理标识。比如，对于两条线路换乘站,那里的站点颜色就应该是五五分;若是三条线路换乘,就应该是三种颜色相互交织。这样,无论是大人还是小孩,都能简单而清楚地辨识。

(2) 对于地铁站内的装修和布局,除了颜色与对应线路相互匹配,给人多样、变换的感受之外,地铁站内的设计、装修也应该充分体现上海这座城市光荣、传统、多元、现代等文化特色与内涵。在美国加利福尼亚的地铁站内,有一个走廊的装修就体现了19世纪采金矿工人的生活片段;在芝加哥的黄线地铁站内,也有一个片段展现了南北战争时期解放这座城市的战争场景。这些地铁装修、布置理念值得我们学习。

例如,在“人民广场”等具有历史纪念意义的站点内,应该布置一些与人民广场的历史密切相关的图片和资料,向乘客展示这座城市的昨日和今日。在“马当路”站内,应该布置与中共一大相关的历史图片等,让乘客知道,中国共产党的诞生地正是上海这座伟大、光荣和英雄的城市。我们千万不要认为,进行革命传统教育的唯一地方就是学校、课本和课堂,地铁站内、马路旁边等地方都可以是进行爱国主义教育的场所。在“陆家嘴”站内,展现的就应该是这个地方原先的风貌、今天的风貌以及浦东开放开发所带来的巨大变迁。在“徐家汇”站内,可以适度展示一些当年外国人生活在徐家汇地区的生活片段,或者早期传教士在教堂礼拜等片段;同时,也可以展示一些新中国成立以后、改革开放以来的徐家汇宏观变迁的历史片段,让人们在乘坐地铁时无意之间就受到再一次的爱国主义教育,从而促使国人不忘国耻,努力奋进……

(3) 在上海地铁换乘的多数通道中都有无障碍通道,这是可喜的现象。这些无障碍通道是否标示明显、完全连通等,应有专人负责。由于地铁的重新装修而造成的暂时不贯通,也应及时告示乘客,并在装修后尽早恢复,而不是置之不理。否则,当一些残障人士沿着这个无障碍通道通行并发现很多不贯通之处后,不知道有多么尴尬和为难。

(4) 上海很多地铁站点出口的闸机并没有完全启用,这不仅是一种巨大的空间浪费,而且也会给乘客的出站造成时间浪费,在紧急情况下,还会带来很大的安全隐患。此外,地铁站点闸机的设计也应该全部改为双向通行,而不是单向通行。单向通行会导致闸机使用效率降低,造成资源浪费,双向通行则不存在这样的问题。

(5) 就每个地铁车站的自助购票系统而言,除了放置若干台中文购票自助机之外,还应该放置 1—3 台外文自助购票机,并参考纽约、巴黎、洛杉矶、芝加哥、华盛顿等国外大城市通行的自助购票设计方式,先询问乘客到哪里去,然后再告知他要分别乘哪几条线,票价是多少,最后是付钱、买票、乘车。如果有可能,可以打印出一个换乘站点的小纸条。

(6) 地铁已构成现代城市交通的一部分,因而更应该从城市公共基础设施的角度,对地铁的票价进行合理科学的设定。可是,按照目前上海地铁的票价体系,市场化收费的意味较浓,双重收费的情况可能还在一定程度上存在。为此,特建议有关部门认真对目前上海地铁票价问题进行全面调研,之后适度降低地铁票价,扩大上海市民优惠换乘的幅度,逐步让上海地铁回到“人民地铁”和“实惠地铁”的怀抱。

党的十七届六中全会指出,“没有文化的积极引领,没有人民精神世界的极大丰富,没有全民族精神力量的充分发挥,一个国家、一个民族不可能屹立于世界民族之林”。本文讨论的这些问题尽管看上去只是小问题,但上海地铁已成为两千多万上海人生活、学习甚至工作的一个重要组成部分,已成为连通浦东与浦西、市北与市南、中心与郊区的重要交通出行方式,但愿它还能成为传承中华民族优秀文化以及上海光荣、英雄的革命传统,展示现代人性关怀,弘扬民族文化,体现国际风采,让老百姓感到实惠的一个重要窗口。

注:该建议已提交上海市政协与政府相关部门。

高铁车票的设计缺陷危及乘客的信息安全

随着高铁的开通,中国人飞速地从动车时代迈进高铁时代。为了保证高铁的安全运行,铁路部门经过长达半年多的酝酿,推出了实名购票的制度。这项制度的本意是好的:第一,打击"黄牛"倒卖车票的行为,有效地维护铁路客运市场的秩序;第二,实名购票等于为每个乘坐高铁的乘客保留了一份出行的相关信息,所以也可以很好地维护高铁的安全。然而,高铁实名制下的车票设计瑕疵正在危害着每位乘坐高铁乘客的信息安全。

其危害之一是,乘客的居民身份证号码原封不动地印制到了车票上,这样乘客的个人信息,包括出生地、出生年月甚至籍贯、户口所在地等非常重要的私人信息,就等于在买票的那一刻被动地公之于众。这不符合我们正在构建的公民社会、服务社会的建设目标,也完全违反了现代文明社会车票交易双方地位平等、自愿交换的契约精神。

其危害之二是,无论高铁车票是在乘车前遗失,在乘车后不小心遗失,还是使用后在所在单位报销,将身份证号码原封不动地印制在票面上,就等于自动、免费地向各种违法犯罪分子实施诈骗行为、进行各类犯罪行为,提供了免费的信息来源和数据资料库。

其危害之三是,公民身份证信息是公民生活、工作、学习中最为核心、最为关键的信息之一,是公安部门经过二十多年多次不懈努力才建构好的一个公共信息安全网络。它不仅事关人们的医疗保健、个人安全、工作和学习,而且也密切联系着个人的金融、资产和财产安全。因此,将这一关键信息印制在高铁车票上,就等于将中国二十多年建构的公共信息安全网络暴露在充满病毒的世界中。这不符合世界各国通行的保护居民个人身份信息安全的相关法律,也违背了中国正在建构的服务型政府的初衷。为此,特向有关部门提出以下改进建议:

第一,相关部门应该迅速改变高铁车票设计的瑕疵,在车票上隐去乘客的居民身份信息,并停止这种不符合公民社会建设目标,严重违反国家相关信息安全法规，践踏公民个人隐私的低级、错误和冒失的行为。必要的时候，应该由国家相关主管部门出面监督，以表示党和国家对于国家公共信息安全的重视和尊重。

第二，对于涉及广大居民切身利益，关涉整个社会公共安全、公共服务的事情，有关部门在出台相关政策时，应该事先向全社会征求意见，并举行多次听证会和专家讨论会，对由此造成的后果和潜在的成本进行事先的充分分析和论证，以避免对国家利益、公民利益的践踏，以及由此给党、国家和相关部门造成的公信力的损害。对于已经出现的错误和疏漏，应该迅速追究相关部门、相关人员的责任。

第三，如果确实是为了高铁的安全，万不得已，或者在技术上尚难以解决的情况下，非要将乘客的个人身份信息印制在高铁票面上，那可以采取信息部分显示的原则，只印制一些通用的信息，而隐去个人出生年月等更为关键的信息，将这些关键信息以星号显示出来，这样就能较好地保护乘客的信息安全。

第四，不在车票上印制个人身份证号码等相关信息，也同样可以有效地维护高铁的安全。比如，可以模仿航空公司的做法，姓名可以印制在车票上，但身份证号码可以不印，而只是在安检的时候或者上车之前，根据购票时的身份信息一一确认。将个人身份信息印制在票面上，就能保证高铁的安全吗？我以为“非也”。要保证高铁的安全，关键的问题是如何安检，而不是在车票上印制乘客的身份信息。

第五，应该尽快完善《个人信息保护法》的相关细节，更好地保护居民个人的身份信息。现在，越来越多的单位、中介机构，甚至不少事业单位、国家机关，经常出现泄漏居民个人信息的事件，并且随着互联网的普及，这类案件正呈迅速扩张甚至蔓延的趋势。高铁车票对于个人信息的强制披露，显然违背了公民个人的意愿，也必定构成对此类法律的蔑视和违反。因此，国家应该根据各种信息，组织专家对此类法律进行完善，以维护公民、社会乃至国家的信息安全，维护党和国家的团结和稳定。

注：该建议已提交上海市政协与国家有关部门，本文发表后不久，相关部门已对高铁车票的设计缺陷作出了改进。

上海应率先在全国进行交通拥堵税的改革试点

近年来,上海的交通建设,在上海市委、市人民政府相关部门的关心和各级交通、建设部门的努力下,无论是道路里程、公交站点还是线路布局都出现了翻天覆地的变化,这是可喜可贺的好事。然而,世界各国大城市过去几十年的经验都表明了一个事实,那就是仅仅依赖新建和扩建道路、增加停车场所和优化交通线路布局等传统的交通治理方式来治理交通拥堵,其效果往往事与愿违。

比如,早在19世纪30—50年代,伦敦就出现了交通拥堵问题,当时的伦敦还被人们戏称为“雾都”。从50年代起,伦敦就不断采用新建和扩建道路、增加停车场所、优化交通线路来改善交通拥堵,但惯常所采用的通过增加交通供给的做法基本上没有任何效果。伦敦的交通拥堵一直持续到2000年左右。2003年,伦敦经过长期的研究后,决定征收交通拥堵税以解决交通拥堵。结果,伦敦的交通拥堵问题便很快得到改善。同样,50—90年代,纽约、奥斯陆、新加坡、中国香港、曼谷、波哥大、马尼拉、雅加达和圣保罗等城市也相继出现了交通拥堵。但是,直到今天,只有新加坡等极少数城市利用拥堵收税这种经济学方法,较好地解决了交通拥堵问题,而其他城市仍然采用传统的交通治理方式,并一而再、再而三地受到交通拥堵问题的困扰。

让我们将眼光投向国内,目前中国的大城市、省会城市无一例外地也都出现了与国际上其他大都市一样的“现代城市病”——交通拥堵。十几年前,中国的城市交通拥堵只出现在较大的直辖市,比如北京、上海、天津、重庆,但现在几乎成了每个省会城市甚至一些地级城市的“家常便饭”。同样,我们也发现,绝大多数的城市交通拥堵治理思路仍然是传统的,只有很少的城市尝试新思路。

其实,有关交通拥堵问题,经济学家早在20世纪50年代就给出了通过征收交通拥堵税来治理交通拥堵的对策建议。比如,Buchanan(1952),Beckman等(1956),Walters(1961)曾经指出,交通拥堵的解决之道可能并不是只有交通规划、扩充道路容积以及增加道路供给这“华山一条路”，市场化的“道路收费”可能是另一条可行的道路。1996年诺贝尔经济学奖得主威廉·威克瑞（Vickrey）在1951年有关纽约地铁票价的课题中就指出：“私人轿车和出租车的使用者，也许还有公共汽车的使用者，基本上都没有承担与他们使用所带来的成本增加相对应的成本。”这意味着，经济学家针对交通拥堵问题开出的政策药方就是，按照驾驶者出行的全部成本向他们收费。1963年，伦敦一批交通经济学家在政府的推动下，针对道路收费进行了长期的联合研究。他们发现，市场化的道路收费具有理论上的可行性。Else（1981）就利用经济学的方法建立了所谓的最优交通拥堵税的理论模型。Fitzroy和Smith（1993）则讨论了苏黎世交通拥堵收税的理论和政策问题。Duranton和Turner（2009）基于1983、1993、2003年度美国城市数据的实证研究发现，公共交通投资并没有有效地减少高速公路上的交通车流，也不能有效地减少交通拥挤，相反，更好的交通只能带来更多的车流。我也以北京为例，详细研究并测算了在北京征收交通拥堵税的可行性和可操作性。

我认为，造成国际上很多大都市以及中国很多城市交通拥堵问题难以解决的根本原因是传统的交通拥堵治理思路存在着偏差。

第一，人们对交通的需求是一种不断变化的动态需求，它往往会随着汽车的供给、道路的改善和收入的提高而快速上涨。但是，交通供给的增长却由于需要公共资金支持、较长的建造时间等，常常存在着供给滞后，因而交通供求不均衡的状态就难以避免。

第二，从经济学的视角看交通拥堵问题，其实质正如哈佛大学著名经济学家格莱泽所说的那样，“想要满足人们对于任何免费东西的需求（恐怕）都是不可能的”（2012）。任何交通道路的建造和使用都是要付出巨大成本的，道路的通行者却往往只考虑自己使用道路的汽油、轿车损耗和时间成本，而置给别人以及全社会所造成的负面影响于不顾。换句话说，工程学和规划学对交通中人类利己本性以及人们将会对经济激励作出反应这一点考虑不足，这可能正是导致当下很多国家包括中国交通拥堵的解决之道难以奏效的一个重要原因。

鉴于此,我建议,上海作为国际大都市,作为新时期中国改革开放的“排头兵”,理应率先在国内进行交通拥堵税试点。

第一,过去这些年,上海的交通拥堵治理思路具有很好的市场化基础,因此具有率先进行交通拥堵税试点的条件。比如,上海的机动车牌照费与全国绝大多数城市采取的政策完全不一样,这是一项非常好的,在很大程度上依赖市场化方式治理城市交通问题的治理思路,对于缓解上海的交通拥堵、减少机动车拥有量起到了积极作用。但是,相对于上海不断增长的交通拥堵压力和越来越集中的人流、车流对交通的需求而言,这种抑制车辆供给增加的方式也越来越显示出不足。

第二,相对于传统的交通拥堵治理思路——增加交通或道路供给而言,交通拥堵税更多地会增加道路使用者的私人成本,促使道路使用者、消费者选择更为高效的公共交通出行方式。以伦敦为例,征收交通拥堵税后,拥堵区域的私人、商务车辆大幅度减少,更多的人采用了通行效率更加高效的公共交通方式,这不仅大大缓解了城市交通拥堵的压力,也大大降低了城市中心区的污染水平。

第三,这个试点可以为全国摸索交通拥堵治理新思路——交通拥堵税这一做法在中国施行的可行性。目前,西方国家中实施交通拥堵税,并很好地管控了城市交通拥堵问题的成功例子,一是英国的伦敦,二是新加坡。中国香港早在 1989 年就开始研究、开发、测试并准备实施全额道路收费系统,但最终由于新成立的各区议会的反对而搁浅(Hau,1990)。这个新的交通拥堵治理方式在中国是否可行,在多大程度上可行,应尽早试点。上海在全国的市场化程度较好,上海人具有先行先试的创新精神,也最容易接受这些新的交通拥堵治理思路。

第四,上海作为国际大都市,交通、人流、商流非常集中,在这样的超大城市,管控好交通,就能够在很大程度上管控好整个城市。原因是,交通事关企业的成本收益,交通事关事业单位的运行效率,交通还关系到成千上万人的出行安全,甚至关系到上海市的公共安全,关系到整个城市的有序、高效和安全运行。

第五,上海这座城市的公共开支越来越多,税收增收的压力也越来越大。在这种形势下,征收交通拥堵税可以成为上海未来新的城市税收来源之一。第一,它能够利用经济手段很好地引导交通需求,有效地治理上海的交通拥堵,提高上海的交通通行效率。第二,它能降低城市的交通污染水平,降低雾霾程度,更好地实现“美丽上海”的环保目标。第三,它能成为上海未来税收增长的有效途径之一。

第六,关于上海市交通拥堵税试点的有关细节,我的建议如下:

(1) 交通拥堵税的试点区域应安排在中环内,而不是外环,因为该区域集中了大量的单位和人口,并且常常是上海最为拥堵的区域。

(2) 就交通拥堵税的覆盖范围来说,对于进入该区域的私人、商务交通车辆,应该征收一定金额的交通拥堵税;对于居住在内环内的居民,给予 9 折税收优惠。如果该区域居民的车辆不停放在公路边,而是停放在居民区内,则不必征收交通拥堵税。还有,对于注册在该区域内的自行车、残疾人车辆、加油车、救护车、医疗车辆或消防车辆等,都不必征收交通拥堵税。

(3) 交通拥堵税的征收应采用电子征收即电子扫描缴费方式,而不是采用设立关卡的方式,进入收费区域也不必停驶缴费,入口处不设收费亭。如果发现有未付税进入的车辆,将采用严罚措施,以阻止偷税漏税行为。

(4) 进入税收区域的车辆可以提前在全市的所有零售商店、地铁站和公交站点缴费。该税收可以采用按天收税的形式,也可以提前交纳,余额可以于以后使用。

(发表于《长江商报》2013 年 7 月 7 日)

电子商务业不宜过早政府干预

13 年前,我正奋笔疾书硕士毕业论文《电子商务条件下的社会化大流通理论研究》。我坚信,随着电子商务的普及,必将在商业和流通领域掀起一场伟大的革命。它不仅会改变流通企业的边界、市场形式,而且还会改变流通企业的网络组织形态,影响流通交易关系并使流通企业的交易契约、价值创造等均呈现出崭新的表现形式。如今,这一切正在变成我们眼前的现实。

截至2014年12月,中国的网民数量达6.49亿,互联网普及率达47.9%。早在2008年6月,中国就超过美国,跃居世界第一。目前,互联网应用已经走进千家万户,短信、博客、微信、微博、电子邮件、手机支付、微信支付、手机预订、网络理财、网络音乐、网络视频、网络文学、网络购物、网上银行等已经在网民中广泛普及。以网络购物为例,2014年,中国手机网络购物用户规模已经达到2.36亿,网络购物的总用户规模达到3.61亿,且继续保持每年20%的快速增长。仅2014年的“双十一”一天,就有217个国家和地区在阿里巴巴平台上实行了571亿元的交易。现在,跨境B2C业务也已经在天猫、京东、苏宁等网络零售平台上线,很多国有企业乃至国际资本正跃跃欲试。可以毫不夸张地说,中国互联网应用和网络零售业普及化和全球化发展的时代已经到来,与之相应的支付方式、物流配送和售后服务正在改变着传统的商业模式。

公允地说,中国互联网应用和电子商务业发展之所以取得目前的成绩,主要有以下三大原因:第一,国家对电信、网络等电信基础设施的发展高度重视,中国电信、中国移动、中国联通等国有企业在这方面的贡献功不可没。第二,互联网应用和电子商务业的市场主体大多为民营、个体、私营企业。这些企业贴近用户、了解市场、自担风险、勇于创新的创业精神对行业发展的贡献卓越。第三,一大批互联网行业的明星企业家,诸如张朝阳、马云、马化腾、俞渝和李国庆等,敢于将创新的理念和技术结合在一起,以自担风险、自断后路的方式进行了各种各样的创新尝试和探索。没有他们的引领和带头作用,这个行业的发展不会如此迅猛。

然而,就在中国互联网应用和电子商务业迅猛发展,有可能“赶超英美”发达国家的大好形势下,有人却祭出了“互联网寡头威胁市场经济”的旗帜,将创新者、行业引领者利用领先地位,赚取正常创新利润的市场化行为看作垄断行为。我认为,这种说法提出的时间过早,对下一步中国互联网应用和电子商务业的发展也是非常不利的。

第一，互联网应用和电子商务业作为一个新兴产业，是一种基于技术和商业模式相互融合、创新和风险相互伴随的崭新行业。在这个行业，强大的资本并不是发展的先决条件，创新的理念和技术、勇于承担风险的企业家精神却起了很大作用。对于这样的行业，政府更应该给予这种创新和尝试较长的保护期，而不是过早、过多干预。

第二，在传统产业，我们见惯了过多政府干预和监管对于这些行业发展的阻碍作用。如今，无论是中央还是各级政府都已经充分认识到市场在资源配置中的决定性作用，以及市场对于企业创新、产业转型与发展的重大战略意义。一场“减少事前行政审批，创新行政管理方式，提高政府服务效能”的政府职能改革正在全国范围内推行。在此大背景下，祭出“互联网寡头威胁市场经济”的说法不仅不合时宜，而且还有点危言耸听的嫌疑。

第三，政府在服务于互联网和电子商务产业和企业发展中加强监督，在监督中提供服务，应该是政府治理能力现代化的题中应有之义。目前，政府的当务之急是，在为这些产业和企业提供服务中掌握更多信息，了解和熟悉企业运作流程，强化产、学、研结合，加强针对这些行业的调查和研究，为出台相关的行业规范和法规进行细致准备。

（发表于《时代周报》2015 年 10 月 27 日）

第五章

教育改革“新路径”

异乎寻常的人才战

20 世纪的八九十年代，人们常说，“二十一世纪是人才的世纪”，“谁拥有了人才，谁就拥有了制胜的法宝”。然而，那个时候给人的整体感觉是，生活仍然像平常一样，没有太大的变化。进入 21 世纪之后，这样的人才争夺战显得更加激烈和残酷。只不过，我们尚未完全觉察到这场战争与传统战争相比，所具有的几个异乎寻常的特征：

第一，这场战争没有硝烟，更看不到炮火，然而其伤害力却较传统战争更为强烈和可怕。记得，在 20 世纪 40 年代，留美的钱学森谢绝美国优厚的条件毅然回国，当时的美国总统无奈之际说了一句话：“损失一个钱学森，甚于两个海军陆战队。”在当时的年代，在全世界很多地方布满战火硝烟，不同民族之间争斗不休的时候，美国人就已经认识到并发起了一场悄无声息的人才争夺战。1991 年，苏联、东欧国家相继解体，这些国家和民族陷于无序状态。在那个时候，美国人又偷偷地发起了一场针对前苏联和东欧国家的人才掠夺战，结果至少有 20—30 万名科学家、技术人员来到了美国。1949 年，随着新中国的成立，中国人终于屹立于世界民族之林。然而，自此多年不息的政治斗争、“三反”“五反”“大跃进”“文化大革命”等，又让美国、日本等从中国挖去了为数不少的科学家。

刚刚看到的一则可靠消息称，美国国会为协助美国高科技公司招揽全球人才，再次寻求增加 H-1B 签证名额。根据该法案，在美国获得高级学位的外国留学生只要获得美国公司的聘用，将可直接拿到绿卡。该法案2009年6月15日已由美国民主党参议员博赛和共和党参议员格莱格提出。博赛表示,之所以要提出该法案,“目的在于确保美国在科技产业方面的竞争力,而要保持在这方面的竞争力,就必须确保未来的创意工作者在美国能够学以致用,而不是在美国以外与美国竞争”。据悉,该法案一旦获得通过,所有科技、工程和数学方面的高级人才只要获得美国的高级学位,将不受美国每年8.5万名H1-B签证配额发放的限制,而直接获得绿卡。如果真是这样的话,世界各国的科技精英又将再次浩浩荡荡地涌向美国。看看二战以来,美国在世界各国发动的人才争夺战及其所造就的美国辉煌,就像有人说的那样,美国包揽了全球的精英,难道它会比别人落后吗?除非美国人是傻子,吸收了这些英才而不好好地利用。

第二,这场战争不像常规战争那样是一种军事、科技势力的较量和比拼,而是一场涵盖军事、科技、经济甚至政治制度、意识形态、文化和宗教等方面的文明大比拼。有人说,凡是被美国人挖走的那些人多半都是些喜欢经济利益的小人,更是一群不爱国的人士。其实,这个说法极其片面。首先,基本的生活、生存条件的保证是人赖以生存的必要条件。一般而言,一个国家越是贫穷,其科技人员的生活水平就越低,其工作所必需的那些实验设备就越难以具备。如果没有国家的“特别爱护”的话,将这些人才压在国内不好好地利用,简直是一种极大的资源浪费。相反,一个国家的经济越发达,这些科技人员的生活条件和水平将越高,其所需的实验设备也会比较完备。于是,这些人的思想、创造力就能得到更好的发挥,他们对整个人类的贡献也就会更大。其次,从人的利己性、自私性来看,这也没有什么奇怪的。中国有句谚语:“人为财死,鸟为食亡。”看看《动物世界》就知道,当北极熊缺乏糊口的生存物资且面临着继续生存与否的选择的时候,下海去抓海狮,与擅长游泳的海狮进行最后一搏也是完全理性的。最后,从人的个性和偏好取向来看,不同个性和偏好的人永远会寻找最适合自己个性和偏好的单位、地区和国家。举个例子,鸟类为什么在每年的冬季会向南方迁徙,而在春暖花开的时候再次返回到原来的地方?原因是,特定的鸟类需要特定的自然和生态环境来栖息。同样,喜欢科研的人往往是一些头脑专一、不善言语、不善于处理人际关系的人，而喜欢管人、喜欢当官的人往往是那些善于人际交往、能说会道的人，于是喜欢管人、善于交际的人就往往聚集到管理岗位，而那些不善于人际交往的人就往往聚集到业务部门。由于这两类人都是人，都是自私的人，因此这个社会要想发展，就不能只重视一类人，不能只将资源集中在某一类人手上。否则，当人才在国家间自由流动的时候，就会出现两种均衡状态：如果这个国家的资源普遍地集中在管理人员而不是科技人员的手中，那么这个国家的科技人员就会往国外流动，而那些擅长人际关系、不擅长科研的人就会往这个国家流动。其结果就是，擅长科技、不擅长人际关系的人聚集到一个国家，而不擅长科技、擅长人际关系的人就会聚集到另外一个国家。结果，一个国家就发展成为创新型国家，而另一个国家就成为难以创新的国家。现在的世界难道不是这样一种人才流动的格局吗？

哈佛大学政治学家亨廷顿在《文明的冲突》一书中指出，21 世纪人类之间的冲突在很大程度上是文明之间的冲突，是文化、生活方式和价值观念的冲突。有人认为，他的观点有些言过其实，似乎有意夸大了人类社会在新世纪的冲突，甚至将 21 世纪国家之间的竞争变成了文明、价值观念、民族之间的竞争。但是，回过头来想想，人才在国家间的流动难道仅仅是一种经济利益上的争夺吗？

第三，这场战争是一种动态的、长期的、旷日持久的战争。19 世纪 20 年代以前，中国是有影响力的"超级大国"，当时的 GDP 占据整个世界的 1/3，不少人才流到了中国。唐朝时，中国的首都长安聚集了色目人、鞑靼人、阿拉伯人、印度人等各国的商人，有的人甚至还担任了一定的地方官职。元朝时，意大利人马可・波罗就担任过三年的扬州总管。可从明朝开始，中国却开始了长达几个世纪的闭关锁国。到 15—18 世纪，西欧开始成为自由开放的象征，宗教革命、文艺复兴、科技革命、宪政改革、工业革命等相继在这里爆发，崇尚探险、创新的人才也在这里集聚。17—18 世纪，北美洲又成为这些人向往的地方，来到这里的人，爱好的不仅仅是土地的私有，而更是一种人人都能获得成长的机会。18 世纪后半叶，美国脱离了当时的"日不落帝国"，成为一个独立的国家,后来又超越法兰西、俄罗斯等,成为世界上的超级大国。从那时起,美国的历届总统都认准了人才和机会的重要性,不惜通过各种各样的政策和法案来保持和加强这方面的优势。于是,美国成为当今世界真正首屈一指的强国。

20 世纪 60—70 年代,苏联凭着高昂的共产主义热情和高素质的人才向美国发起了挑战,然而不久以后便以失败告终。此后,日本人凭着自己的精明以及从美国移植过来的一整套西方式君主立宪政治制度、经济上的自由主义向美国发起了挑战。同样,美国人凭着自己那套能够囊括全球精英的人才、科技、政治、军事和经济体制而远远抛开了日本。

如今,沉睡了百年的“雄狮”中国才刚刚苏醒了那么几十年,就有人恶意地指出,未来的中国将是美国的最大竞争者甚至敌人。这种说法难免要遭到批驳。仅仅从人才战略,包括人才的引进、使用、流动、配置、竞争、评价等方面来看,中国还只是一个欠发达的国家,要超过美国还有很长很远的路要走。改革开放以来,中国政府派出去很多留学生、访问学者,主要目的是学习和跟踪国外先进的知识和科技,远谈不上超越。虽然从留学生的人数来说,近年来出现了很大的增长,然而正像朱总理、温总理、李总理所说的那样,任何数字,只要除以 13 亿都只是一个非常小、非常小的数字。因此,我建议政府加强对这场新战争的重视,在人才引进、人才使用和人才配置等方面做更多的工作。

改革开放前后中国大学之间的竞争态势及展望

改革开放之前的大学竞争

很多年以前,大学之间几乎不存在竞争,因为跟大学相关的几乎所有事情都被政府教育主管部门规划并承包下来了。比如,大学招多少学生,怎么招,在哪些地区招,收多少费,学生毕业后到哪里去,都被严格划定在一定的地理、空间或者条块范围内。如果说存在竞争的话,那就是给定条块或者类别下的有限度竞争。比如,第一批招生的是艺术、军事类院校，那么竞争就只能在这个类别内的学校之间展开。但是，在国家计划的指令下，这个类别之内各个高校在什么省份招，招几个，哪些学科招等，也都是被严格划定的。所以，这种竞争仍然是非常狭隘的。

改革开放以后的大学竞争

改革开放以后，大学之间的竞争开始出现。先是那些专业比较对口的高校，可以增加热门专业的招生，减少相对冷门专业的招生。当时，财经类、外经贸类院校因为经济体中对外向型、财经类人才的超大需求而纷纷扩招。一时间，它们的录取分数线甚至超过很多重点院校。这样，财经类院校便或多或少地成了一些全国性院校的竞争对手，竞争的范围由此开始扩大。

再后来，国家允许部分民办高校有限进入教育行业，于是民办高校像雨后春笋般成长起来。可是，这并没有导致国内大学之间竞争程度的多大变化，毕竟它们的进入只限于三本以外的范围，比如职业性、技能性的院校。这个层次上的民办高校数目众多，且鱼龙混杂，不会对一本、二本高校产生任何竞争的压力，更不会对重点大学、财经类院校带来多大的挑战。换句话说，改革开放以后大学之间的竞争仍然是比较有限度、分层次或者说是局部性的竞争，远未达到有效竞争的地步。

地方性大学之间的垄断竞争格局

在经济学中，与特定的地理空间结合在一起的竞争一般是垄断竞争，而不是完全竞争。中国大学市场的情形恰好就是如此。比较典型的表现之一是，地方性大学全部是地方政府资助的大学，且招生通常都限定了特定的省份或者区域之内。这样，这些大学之间的竞争就是垄断竞争，甚至可以说是地方政府之间的竞争。比如，江苏和浙江的地方性大学竞争，结果完全取决于两地政府以及教育主管部门对教育发展、教育改革的理念，它们对经济、社会发展等长远形势的判断，以及它们改革的魄力和勇气。如果江苏的高校能够略胜一筹，它们就会向更高一级的教育主管部门申请并升级为更高一级的高校,这样它们的招生范围就可以扩张,于是竞争有可能变得更加充分。但是,这个过程通常比较缓慢且处于教育主管部门的严格监管之下。

全国性大学之间的相对充分竞争

相对于地方性大学之间的垄断竞争局面而言,一些全国性大学之间的竞争更加充分,它们大多是综合性大学,有一定知名度或者具有较长历史背景,招生也是全国性的。一个表现就是每隔几年的全国大学排名调查。虽然教育主管部门会出面说,社会上一些所谓的全国性的大学排名并不算数,但那些名次涨跌对于相关大学的领导而言,其实还是非常重要的。尽管这种排名并不完善,但毕竟代表了一种市场选择和评判的结果。

地区经济发展格局与大学之间的竞争

随着各地区之间经济差距的日益明显,大学之间的格局也发生了相应的变化。比如,交通大学体系下不同大学的发展就体现了这种发展态势。西安交通大学地处西北内陆,上海交通大学地处华东地区,虽说同样是全国重点院校,但它们之间的差距却随着国家区域发展政策的转变而转变。1956 年,社会主义改造基本完成之后,国家决定将交通大学内迁到西安。为什么要内迁到西安?其实,主要目的就是支援国家的三线建设,为大西北、大西南、中西部地区的重化工业、制造业、兵器工业培养人才。在改革开放以前,西安交通大学的实力是明显高于上海交通大学的,因为当时最重要、最好的专业和实验室几乎都搬了过去。可是,改革开放以后,这种发展的态势却逐渐反转。随着东南沿海地区的开放,以上海为龙头的长江三角洲地区的经济迅速崛起,上海交通大学由此也得到了迅猛的发展。原先西安交通大学的很多教师纷纷回流到上海交通大学,越来越多企业的资金、项目也回流到上海交通大学。其实,这就像中国过去三十多年的经济发展道路会拉大地区差距一样,随着改革开放的推进,大学之间的差距也在拉大。原先强的可能变得更强,原先弱的可能变得更弱,这跟大学所在的地理区位、所属政府的不同级别有关。如果原先弱的要变强，那恐怕只有一条路，要么是借助于外力的作用，要么就是相应的制度改革激发了它们的活力。偶然性的外力可遇而不可求，所以大学要想在竞争中胜出，还在于制度和体制改革。

大学之间竞争与发展的一般规律

一个一般性的规律是，处于同一地区的大学之间的竞争取决于它们所属的行政级别，而处于同一行政级别的大学之间的竞争则取决于它们所处的地理区位。西安交通大学与上海交通大学之间的竞争就属于后者。再如，上海财经大学原来隶属于财政部，上海对外贸易学院原来隶属于国家对外经济贸易合作部。1995 年，上海对外贸易学院开始划归上海市政府主管，而上海财经大学由财政部划归教育部主管。当时，这两所大学的研究实力、生源与在企业中的美誉度等不相上下。但是，现在这两个学校的差距已经显现。上海财经大学由于隶属于教育部，又地处改革开放最前沿的上海，因而既受到了部属院校的待遇，同时又获得了长三角地区经济、外向型经济的“阳光雨露”，整体实力快速上升，并成为迅速崛起的名牌大学。相反，上海对外贸易学院（已更名“上海对外经贸大学”）无法享受到大学级别带给它的行政资源和待遇，也没有牢牢把握住长三角地区社会发展和外向型经济发展带给它的难得机遇，所以至今仍然在按部就班地前行。

在经济学中，一个国家、一个地区、一个城市的长期发展大致有赖于三个因素：一是它所处的地理区位及其资源禀赋；二是它的制度、政策的活力，以及它所在地区的文化传统和历史传承；三是偶然性的外部力量。在以上上海两所大学多年力量的此消彼长中，我们清楚地看到，二者在地理区位上没有差别，所在地的文化传统、历史传承也没有差别，唯一的差别只能从它们不同的行政级别以及由此引发的不同内部管理、规章制度、管理者的理念方面寻找。

大学市场的均衡状态

在当下的教育管理格局下，通常不太可能出现地方性大学挑战全国性大学,或者专业性大学挑战全国性大学的局面。因为无论是从资金的来源还是管理的体制而言,全国性大学都具有太多地方性高校或者专业性高校所不具备的优势。在经济学中,这乃是一种均衡状态,也就是大家都安分守己,不愿冒险突围,赶超别人。这种状态的打破,只有一种可能,那就是某个省、某个城市的经济实力超群,并且这个省、这个城市的领导有此想法,有此魄力,也有此能力,能够快速注入资金、吸引人才。

比如,苏州大学就是如此,它是一所地方性大学,具有悠久的历史传承,同时又受到长江三角洲核心地区的苏州、无锡、常州、南京等外向型经济的巨大支撑,近年来出现了快速提升的局面。据全国学位办公布的消息,2011 年,苏州大学一举拿下 13 个一级学科、102 个二级学科博士点授予权,名列全国第一。根据“中国教育在线”网对原因的总结,苏州大学之所以能够取得如此大的成绩,缘于以下三点:一是厚积薄发,不断凝练学科方向;二是内扶外引,科学架构师资队伍;三是教学相长,创新培养优秀人才。贯穿这三点的乃是一系列教育改革和制度创新,如打破导师终身制,全球招聘精英人才,打破院系壁垒,实现资源的有效整合,斥巨资培养人才等。如果没有这些制度改革,恐怕就不会有苏州大学的厚积薄发,也不会有学科建设如此巨大的突破。

今后中国大学之间的竞争态势

今后中国大学之间的竞争态势如何?现在看来,局势很不明朗。中央三令五申要进行教育体制改革,上海甚至建立了上海纽约大学,宁波建立了宁波诺丁汉大学,越来越多的高中毕业生选择通过留学等途径完成自己的学业。但是,对于地域如此之广,学科、人口如此之多的中国而言,这可能只具有某种象征意义。尽管如此,有一点是清楚的,即随着人们收入的提高,出国留学信息的透明化,出国人数的不断增加,国内外高校之间的差距和教育理念已经越来越清晰地显现在家长、学生以及社会大众面前。中国大学要想尽快跻身世界一流,更好地、更有效地支撑经济发展,推动创新型国家的建设以及“中国制造”

向“中国创造”的跨越，就要从大学之间的竞争着手，从相应的制度变革着手。换句话说，即使我们将资金、人才、制度资源全部投在几所大学上，又能够制造出几个“世界一流”？随着时间的延续，这些所谓的“世界一流”可能还是会回到原先的老水平上来。

（发表于中国台湾《经济前瞻》2012 年总第 140 期）

高等学校副处级以上干部因公护照制度应厉行改革

根据中国外交部的规定，中华人民共和国公务普通护照主要颁发给各级政府部门副处级以上干部和国有企事业单位因公出国人员等。在这一规定中，高等学校属于国有企事业单位，因而高等学校副处级以上干部的公务出访活动和政府官员一样，均受到国家外事活动纪律的约束。我以为，这一规定在新的时代条件下，需要厉行改革举措：

第一，高等学校肩负着中国高等教育现代化、国际化的重要职责，肩负着教书育人、培养社会主义建设者的光荣使命，肩负着中华民族伟大复兴的光荣使命。近年来，随着外国留学生人数的快速增加以及出国留学人员数量的不断攀升，国内外高等学校之间、高等学校与对方中小学之间甚至企事业单位之间的联系越来越广泛，交往的层次和合作的程度也越来越深入。因此，高等学校副处级以上干部出国交流、洽谈合作办学的机会越来越多，迫切性也与日俱增。

第二，高等学校副处长以上干部大多是科研或者教育方面的业务骨干，而科学研究与教育业务的性质也必然要求这些干部能够随时保持与国外机构相对畅通的交流关系，能够相对自主地开展与国外教育机关、企业事业单位的国际合作和交流活动。这就要求高等学校副处级以上干部能够拥有与政府官员不同的、相对自由的出国访问和交流机会。

但是，在目前中国的外交规定中，高等学校副处级以上干部却拥有与同级别政府官员一样的身份，接受与同级别政府官员一样的外事规定。这非常不利于中国高等教育的现代化和国际化,也与中共十八大提出的“深化行政体制改革。深入推进政企分开、政资分开、政事分开、政社分开,建设职能科学、结构优化、廉洁高效、人民满意的服务型政府”的总体思路相违背。

我以为,应针对高等学校副处级以上干部因公护照制度厉行以下改革举措:

第一,在中华人民共和国公务普通护照中,对高等学校副处级以上干部,采取与同级别政府官员相同的管理规定。具体而言,可以将他们归入“教育、科技交流公务活动”类别中,对他们实行分门别类的管理,凡是进行教育、科技交流活动,行程明确、目的恰当、费用安排合理的,都应该给予放行。

第二,在“教育、科技交流公务活动”类别中,也应放宽每次出访的国家数目至3—5个,而不应限定为不超过2个国家。原因是,欧洲、非洲一些国家非常小,在地理面积上仅仅相当于中国的一个省,甚至一个县。比如,欧洲的斯洛文尼亚、克罗地亚、马其顿、黑山等国家原先是属于南斯拉夫社会主义共和国的省;原苏联分裂为15个加盟共和国,这些国家面积不大,如果完全按照原先的出访国家数量的规定,只会增加出访的费用,不符合经济性、合理性原则。

第三,从审批的时间来看,只要属于“教育、科技交流公务活动”类别,政府外事部门的审批时间应该缩短为1—3天。因为教育、科技交流公务活动具有一定的灵活性。比如,国外的会议、国外高校的国际周通常都会邀请国外合作高校前去交流,进行洽谈合作、师生交流等事宜。如果审批时间太长,一些有意义的出访和交流活动就难以进行。

第四,从“教育、科技交流公务活动”的出访时间来看,也应该适当延长。目前,全国各地的外事部门审批的公务出访时间通常为2国8天或1国5天(以上海为例)。由于教育、科技交流等公务活动具有一定的特殊性,因此出访的时间应该适当延长至3国15天,2国10天,1国5天。关键的问题是,出访交流的安排要详细、具体和合理。

第五,在审批手续上,也应该尽快落实网上审批,简化办事流程。

比如，凡是有直接业务联系的外事上下级单位，只要通过网络，就可以直接办理并得到答复，而不一定需要提交纸质版材料。比如，美国波士顿和纽约之间的公交、铁路可以实行网上售票，只需要出示密码就可以乘坐，而无须打印版车票。欧洲的铁路也实行类似的网络售票系统。中国办理公务出国的上下级机关之间关系确定，并且常常是稳定的业务联系，因此无论是从可能性还是技术上看，完全可以实行外事业务办理的网络化、无纸化。

第六，“外交无小事”。在具体的外事活动中，常常会因为国内的外事规定而耽误了两国高校间的合作交流机会。比如，某高校副处级以上干部准备出访三国，与三国高校洽谈合作。这三国在地理上相互邻近，在行程上具有经济性与合理性，但苦于外事出访国家的限制，只能放弃对其中一国的访问。这不仅不符合经济学和合理性的原则，而且也违反了中共十八大以后中央“深化行政审批制度改革，继续简政放权，推动政府职能转变”的基本要求。

注：该建议已提交上海市欧协与政府外事部门。

上海高校竞争力提升需调动广大非中共干部的积极性

2012 年 5 月 9 日，中国共产党新闻网、全国各大报纸报道了这样一条统战新闻，“湖南本科院校全部配齐非中共干部”。报道称湖南全省 29 所体制内本科院校全部配齐非中共校级领导干部，非中共干部有 410 人担任院系领导职务。一时间，这条新闻成为全国统战系统的热点，并受到全国各地的学习和响应。

上海是中国共产党的诞生地，过去几十年一直是全国改革开放的“排头兵”。中共十八届三中全会提出“完善和发展中国特色的社会主义制度，推进国家治理体系和治理能力的现代化”这一全面深化改革的总目标。目前，上海正面临着第二次开放的良机，急需大量高素质的干部和人才的加盟。因此，重视党外干部的培养和选拔使用也应成为今后高校工作的重心之一。

近年来,上海的高等教育事业发展缺乏亮点和改革动力。2012 年的全国学科评估清楚地显示,上海高等学校的竞争力和科技实力被江苏、陕西等省超越,总体教育实力由全国第二降至全国第三甚至第四。过去几年,上海周边的江浙等省教育改革力度空前,很多高校实力已经超越上海。仅举几例,原先与上海对外贸易学院齐名的杭州商学院,早在 2004 年就更名为“浙江工商大学”,如今总体实力已经超过部属的上海财经大学;前身为江浙财政银行学校的中等专业学校,经过快速发展,已经于 2013 年更名为“浙江财经大学”;原先实力一般的南京经济学院,已于 2003 年更名为“南京财经大学”,实力远超上海很多市属高校。

我以为,上海高校缺乏的不是人才,而是人才使用的灵活机制和大胆探索。据上海市教委党委调研统计,上海高校在职教员中,党外知识分子占比为 50.9%。党外人士大多都是科研骨干、业务骨干或者科技精兵。但是,上海高校干部中党外人才的比例却很小,这非常不利于上海高校的长远发展,也不利于上海整个高等教育、科技实力的提升。

据不完全统计,上海市普通公办本科院校共有 29 所,包括“211”以上重点高校 9 所,地方公办本科高校 20 所。据调查,9 所重点高校除 1 所大学网站查不到有关校领导所属党派之外,其他 8 所高校中有 7 所高校均配齐了校级非中共干部,占 87.5%。20 所市属公办本科高校中,有 7 所学校查不到校级领导非中共干部的相关信息,分别是上海中医药大学、上海海事大学、上海电力学院、上海音乐学院、上海立信会计学院、上海电机学院、上海政法学院;只有 6 所学校配齐了校级非中共干部,分别是上海理工大学、上海工程技术大学、上海应用技术学院、上海海洋大学、上海戏剧学院、上海金融学院;另外 7 所学校根本没有校级非中共干部,分别是上海师范大学、上海对外经贸大学、上海海关学院、华东政法大学、上海体育学院、上海第二工业大学、上海商学院。如果我们将查不到相关信息的高校也视同没有配齐校级非中共干部,那么上海地方公办本科高校在这方面的比例仅有 35%。从这些学校的中层干部角度来看,党外人士所占的比例也比较低。

为此,特向上海市人民政府、市委统战部、市委组织部、上海市教育委员会提出如下政策建议:

(1) 在市属高校层面,尽快配齐德才兼备、精通业务的校级非中共干部,尽快把高校统战工作落到实处。高校是非中共知识分子聚集较多的地方,重视在校级领导层或中层干部中任用非中共高级知识分子,应该将此纳入高校中共党委、统战部、组织部门重要议事日程。

(2) 在高等学校中层干部队伍中,扩大非中共知识分子担任正副职的人数,尽快调动广大非中共知识分子的积极性。只要稍微关注一下,就可以发现这样的事实,从历年的全国科技进步奖、上海市科技奖的名单中可见广大非中共人士在推动上海乃至全国科技进步、科学研究和教育事业发展中所做出的突出贡献。将这些代表性人士吸收进上海人才队伍,定会强化上海高校、科技界的总体实力。

(3) 上海高等学校发展的舞台广阔,诸如科学研究、国际合作、留学生培养、国际交流等都应该成为非中共干部成长的舞台。这些领域往往需要业务专精、熟悉国内外情况、外语好或者具有留学背景的海归或海外人士来领导,这样能够调动前述50.9%的高校教员的积极性和创造性,更好地服务于上海高等学校的改革与快速发展。

(4) 尽快推出上海市相应的扩大非中共干部使用的制度与细则,指导各高校乃至各级系统的干部使用工作,推动上海高等学校竞争力的快速提升。

(5) 当前国外高等教育势头发展迅猛,科学技术进步势如破竹,新科技革命正在改变整个世界。使用好非中共干部,发挥他们联系海内外人才的优势,可以引领更多的海外人才回归祖国、回归上海,更好地建设“上海人才高地”。

注:该建议已提交上海市欧协与有关部门。

“教授治校”改革试点——化解当前中国高等教育困境的妙招

近年来,中国的高等教育面临着比以往更加严峻的挑战:

第一,从学生对高等教育的需求状况来看,一方面,越来越多的人才逐渐通过各种各样的形式直接去海外留学。改革开放 30 多年间,中国每年出国留学的人数从 1978 年的 860 增加到 2009 年的约 30 万,翻了约 348 倍之多。另一方面,改革开放以来,中国高考报名人数一直呈上升的趋势。但是,2009 年大多数省份均出现了高考报名人数较大幅度的下降。据预测,这样的趋势今后将会持续相当长一段时间。2009 年,国内还出现了一个惊人的现象,就是全国有 84 万之多的学生选择放弃高考,而接受出国留学或者其他的职业教育。这两个信息清楚地反映出一个令人深思的问题,即中国高等教育面临的需求形势已发生了重大变化,正面临着前所未有的严峻考验。

第二,从中国高等教育的供给方面来看,高等教育给学生提供的应该是一套独特的分析问题、解决问题的方法,一种透过现象看本质、发现规律的敏锐视角,这种独特的人力资本应该足以保证人才在未来若干年发展之所需。但是,改革开放以来,中国高等教育重知识教育、轻能力培养,重知识传授、轻方法训练,重考试、轻过程考察,重行政管理、轻业务发展的应试教育和资源配置体系,却没有发生太大变化。

过去,国内对应试教育的认识并不十分清楚,或者虽然认识很清楚,但始终没有激励进行较大幅度的改革。近年来,越来越多的国外教授、学者来到中国讲学、交流,越来越多的海外留学生学成回国,直接运用国际上最为先进的教育理念、教育方法甚至管理方法,给国内高校带来了越来越多国际前沿的研究、治学、管理方法和思路。在这种传统与现代、国内与国外的两相对比中,越来越多的学生乃至家长日益发现中国高等教育在塑造人才、培养潜能和服务社会方面与国外尚存在的巨大差距。

很显然，上述中国高等教育供给和需求两方面的分析均表明，学生及家长对中国高等教育盲目迷信的时代已经结束，中国高等教育发展面临的内外环境也已发生了根本变化。中国高等教育面临的这种困境尽管有外在环境不利因素的影响，但更重要的是体现了中国高等教育改革的滞后。这种滞后主要表现在：一是高校管理的行政化、官僚化；二是高校研究、教学的形式化、表面化；三是高校发展的粗放式、外延性扩张。

2009 年是特殊的一年，它使中国高等教育所面临的供给和需求的不匹配显得更加明显，也使中国高等教育的以上问题得到了前所未有的大暴露。此时此刻，我们与其对中国高等教育体系进行点点滴滴的修补，还不如未雨绸缪，想出一些能化解中国高等教育困境的妙招。比如，率先在国内的若干省市开展“教授治校”的教育改革试点，就是这样一个功在当今、利在后世的改革妙招。

第一，“教授治校”是一项着眼长远的教育改革。过去，我们大多是在不改变高校主要管理体制的情形下进行小范围的修修补补。实践证明，这种形式的改革虽然能解燃眉之急，但不能解决中国高等教育长远发展和繁荣的根本问题。经过多年的教育改革和实践，现在该是进行“教授治校”改革试点的时候了，原因有三：一是这项改革能从根本上摆正高校发展中教学、研究为主与行政服务为辅的问题，极大地调动高校生存发展的核心主体——教师和教授——的积极性和能动性；二是它清晰地突出了高校发展的核心竞争力——业务发展而不是行政管理——的极端重要性；三是当前中国高等教育远落后于发达国家，“落后就意味挨打”，“教授治校”的改革试点可提供追赶发达国家的制度优势。改革开放三十多年的经验证明，试点以及在此基础上的总结推广乃是改革开放之所以成功的伟大法宝之一。

第二，“教授治校”改革符合党的教育方针，又具有操作上的可行性。党中央、国务院以及党的三代领导人多次重复过“百年大计，教育为本”这句话。2009 年，时任总理温家宝也对这句话进行了新的解读——“教育大计，教师为本”①。“教授治校”的改革试点完全符合党的教育方针。从操作上看，主要可从以下几方面进行：

（1）应将高校业务与发展的管理权限让渡给“教授委员会”，而并不改变当地教育主管部门对高校的实际控制权，前者管学术、教育发展，后者管资金、投资、学校在法律的框架内运作。

（2）学校应设“校教授委员会”，由具有大学教授、副教授以上职称且有学术声望的人员或代表组成，主要负责学校的未来发展、业务规划、师资招聘、职称评定、校长选聘以及教师薪水的确定。相应地，各二级学院也应建立“学院教授委员会”，负责本院的业务发展，职称评定，院长、系主任的选聘。“教授委员会”具有相应的任期（一般可为三年），每两年更换其中10%的委员。

（3）校长由“校教授委员会”选聘，主要负责学校发展筹资，落实“教授委员会”的方针政策，在管理和服务上对“校教授委员会”负责；校长可以招聘相关的管理人员，其他管理人员对校长负责；校长不必具有教授职称，只要能担负起自己的职责；校长具有明确的任期（可设定为四至五年），经过“教授委员会”授权，最长任期不超过三届；校长在自己的职责范围内活动，且不得干预教师和学生正常的学术和科研活动。

（4）相应地，学院院长、系主任由“学院教授委员会”选聘，主要负责本学院的公共服务，原则上可以参照国外的教授“轮流坐庄”的形式，且不能干涉教师正常的教学和科研活动。

（5）现有的党委系统、行政系统的人员可实行分流，一部分可经过“校教授委员会”或者“学院教授委员会”的聘任，任校、学院行政系统的领导或者工作人员，负责为教师和学生提供公共服务，比如处理社区关系、图书馆和卫生工作等；另外一部分可作为当地教育主管部门的驻校代表，负责协调高校的公共资金配置、筹措，以及按照法律规定监督学校、教师和学生的活动。原则上，当地教育主管部门的代表

---

① 参见温家宝：《教育大计，教师为本》，载《人民日报》2009年10月12日。

每个学校不超过五人，并在试点三年后最终并入教育主管机关。

（6）国家对高校的公共财政资金下拨，由“教授委员会”投票安排使用与分配，校长、院长无权分配，仅负责执行；国家对科研与教学的经费下拨，由“教授委员会”根据学科、科研规划负责分配，并直接下拨给相关的科研或者教学人员。

第三，进行“教授治校”试点的地区上，应发达地区和欠发达地区并重，而不应人为阻碍欠发达地区教育改革快步走、缩小东西教育差距的可能。比如，上海的高等教育较为发达，远离国家政治中心，因此可成为东部“教授治校”改革试点的城市，而中部的武汉、西部的西安也都具备试点的条件。发达地区的教育水平相对先进，因而具备先行改革试点的条件。欠发达地区教育困境更加明显，教育既得利益集团的势力较弱，因而进行教育改革试点的阻力可能会更小，也往往具备事半功倍的后发优势，从而可以更快地缩小与发达地区的教育水平的差距。

第四，关于试点高校选择、试点评估、试点期限。试点可在东部、中部以及西部地区各选择三所学校进行，而不是在全国选择一两所大学进行（如2008年武汉大学“政学分权”的改革），一所为综合性或者重点大学，一所为地方高校，一所为民办大学，这样便于比较试点的经验与教训。具体操作上，先分地区由各地高校自愿报名，然后通过教育部的“试点委员会”评定与选择；试点时间可确定为四年；最终，由试点高校向教育主管部门乃至整个社会报告试点成果，总结经验和教训，作为更进一步教育改革的基础。

第五，试点中问题的应对。“教授治校”改革是高等教育健康发展的必由之路，试点出现新问题、新情况是必然的，但不能因噎废食，因为少数学校出现改革问题而荒废整个试点过程。“教授治校”改革只有在一定量和规模上进行试点，才能去伪存真、发现规律；只有坚持试点、坚持创新，才能更好地服务于中华民族的伟大复兴。

（发表于《联合时报》2010年6月4日）

从教育部"经济学创新平台"看中国高等教育体制改革

何为 IAR?

IAR 是"上海财经大学高等研究院"的简称,也是我所在的博士后流动站。实际上,早在 2005 年 12 月,我就开始关注高等研究院的消息了。但是,那时它还未正式成立,有关的消息也相对较少。只记得当时从上海财经大学网站上看到一条 2006 年 3 月招收博士后的消息,说那是财政部和教育部"经济学创新平台"的一部分,还说美国 A&M 大学的终身教授、著名经济学家田国强教授是那里的院长,而同样是美国终身教授的艾春荣、张昕教授以及一批年轻有为的"海龟"都将是那里的博士后联系导师。在网上看着他们的简历,年龄都不大,我当时就感到十分好奇:第一,这些院长虽然是华人,但早就应该是地地道道的美国人了吧,却能在国内的大学当起了各个学院的院长,这传达了一个信息,那就是教育部对中国经济学的教育改革如此重视,以至于可以不拘一格地选拔人才,不循规蹈矩地使用人才。第二,这些年轻的"海龟"博士还那么年轻,就让他们直接当博士生指导教师,只能说明一个问题,即那里的体制有着充分的弹性和吸引力,能让这些年轻人脱颖而出,要么就是这些年轻人有着足够的、超强的能力。如果是第一方面的话,那里肯定有一个比较有活力的领导和研究团队,肯定也有与国际接轨的学术评价和交流机制,所以在那里读博士后也一定能有所进步;如果是第二方面的话,这些年轻人与我年纪相当,甚至许多比我年轻,而且全都来自海外名校,若我这个来自"海内"的"土鳖"能到"海龟"多的地方兜上一圈,也一定会学到很多。就是抱着这样的心态,我选择了上海财经大学高等研究院。

博士后入站的面试

到了面试的前一天,我忐忑不安。第一,我与田国强老师素不相识。尽管在报考之前,我礼节性地给田老师打过一次电话,但田老师“这个事情我说了不算,必须经过面试委员会通过”的回答让我的心里七上八下。第二,高等研究院是教育部、财政部“经济学创新平台”的一部分,是个新单位,里面全是新人,运行的也是新的教育改革体制,所以招收博士后的制度也一定会与国际接轨。为了增加成功的概率,我特地打电话给开会时认识的牛津大学博士钟鸿钧,寄希望于他到时能说两句好话,但毕竟与他没有太多交情,所以仅仅寒暄了几句就挂了电话。尽管电话中并未提及说情的事,但几句寒暄似乎给了我莫大的安慰。

第二天一大早,我就是怀着这种似乎是有人说过情的心理来到了高等研究院的办公室。面试我的老师一共有三个,其中两个年龄稍大,大概四十岁左右,一个比较年轻,大约二十多岁,里面显然没有我曾经打过电话的钟博士。一个老师开始说话:第一,为了学术公平,我们的钟博士说他先前认识你,所以这次特意回避,不来参加面试;第二,请你简要介绍要研究的课题。在接下来的大约四十多分钟时间里,我受到的是比博士论文答辩还要激烈、连珠炮似的追问:你到底要做的是 model 还是 empirics?你如何控制模型中的内生性问题?你对制度变量的衡量指标是什么?你是否有这方面的数据?这些数据是从哪一年开始的?历史数据是从哪里得来的?你如何能保证数据的真实性?你打算做多长时间的博士后?你的这些成果有什么开创性?你对相关的主流文献熟悉到什么程度?等等。答辩时,我满脸通红,只有招架的力气,没有还手的时刻。答辩完,我还是满脸通红,因为他们问的问题都是我博士后研究中十分关键的问题,有的直击命门,有的则几乎是釜底抽薪,有的简直是给我泼了一瓢冷水。我顾不得仔细思考这些问题,仪式性地告别。临走时,一个老师告诉我,他们会讨论讨论并尽快通知结果。

话虽然简洁,但熟悉国情的人都知道,“讨论讨论”其实在很多时候、很多场合是句客套话,也许根本就没有什么实际意义,也许熟悉的人早就被内定好了。我心里抱着各种各样的猜测,面上则满是愁云。还好家里人说了一句安慰的话:“谋事在人,成事在天”,我的心里一下子轻松了许多,不再多想。

没想到的是,第二天上午,高等研究院的秘书打来电话,说我已通过高等研究院的面试,并询问我的配偶、子女以及相关的待遇要求等情况。接着,在不到一个小时的来回通话过程中,我的基本问题就全部搞定,两年的博士后费用全免,同时得到一定的研究津贴。就这样,我进了心所向往的教育部、财政部“经济学创新平台”之一部分的高等研究院。

高等研究院是新体制下产生的新单位,是财政部、教育部“经济学创新平台”的重要组成部分,也是上海财经大学经济学教育改革的试点单位之一。田国强院长将上海财经大学的教学改革工程归纳为六个方面:打造一流师资、加强学术研究、全方位教学改革、狠抓学风教风、严化教师考核、规范行政管理。看着这些令人耳目一新的改革举措,我很佩服,毕竟“耳听为虚,眼见为实”。于是,我注意起办事过程中的各种细节,并搜寻着各种与外面报道内容是否相符的“证据”。

精干的管理层

让我感受到高等研究院比较有活力的是那里的管理层。一是田国强老师,1956 年生,美籍华人,主管院长,我见他的第一面是他刚从美国回来,背了个偌大的旅行包,与我寒暄过后,就给我分配了任务。之后,经济学院的各位主管教学、行政等方面的领导先后进来。中间,田老师问过我两句话,但我半天才反应过来。他给我的印象是讲话速度很快,办事效率高,思维敏捷。第二次是我向田老师询问有关筹建中国农村发展研究中心之事,他很快回信并答复我,亲切地直呼我的名字,这更使我感到无比的压力。二是谭继军,1973 年生,高等研究院副院长,讲话简短,但命中要害。一次,他约我前去讨论有关筹建中国农村发展研究中心的事务。他说了两句话,首先就是欢迎我进入高等研究院攻读博士后,但所有的研究都要按照博士后研究计划定期完成;第二句话就是让我负责筹建中国农业发展研究中心的事务,并吩咐我有事可直接找他。后来,有一次,我在人事处办事,刚出门,就听到有人喊我名字。我心想,在财大能有谁认识我?回头一看,正是面目憨厚的谭副院长,他说过有关中国农村发展研究中心筹备事宜后,就又匆忙消失在人流中。还有龚关(经济学院副院长)、夏纪军(经济学院副院长)等,他们都是20世纪70年代后半期出生的年轻人。

行政人员的服务意识

众所周知,在国内大多数高校,行政人员的地位都普遍高过教师,这其实没有什么大惊小怪的。第一,他们通常是行政事务、学校政策的制定者甚至垄断者,能利用职务之便制定有利于自己而不是别人的各项政策与制度。比如,每个学校每年都要制定有关教师、行政人员的工作职责及其考核标准。看看对教师的考核标准就知道,它的内容之多和详细程度要远远超过对行政人员的考核细则。其实,很多行政事务根本不需要大家集中就能搞定,如发个电子邮件、打个电话。但是,行政人员却偏偏要通知所有的人都来,并进行考勤记录,否则就扣除奖金等。后来想想也对,因为那是显示行政权威的一个好时机,否则没人来,行政人员岂不感觉有些寂寞?第二,由于他们是行政事务的垄断者、考核者甚至执法者,身兼“裁判和运动员”的多重角色,同时又由于他们通常与领导之间存在着很多的行政联系,所以他们的官本位意识较强,有时根本谈不上服务意识,说话间、办事间透露的几乎全是官本位的味道。比如,很多大学的财务处办公人员的服务态度就十分恶劣,如因为要开会,所以不能办理任何事务等,诸如此类的事情不胜枚举。

但是,在高等研究院,这些好像都反过来了。一次,我去高等研究院办事,正坐在办公室等人,只见旁边过来一位老师,手里拿着一本书,直接交给行政秘书,说了一句话:“请帮我复印第59—79页”,然后就回自己办公室去了。后来,我看见行政秘书将书复印好,直接送到他办公室。我以为来复印的是高等研究院的领导。行政秘书回来时,我特地问了一句,结果证明我的猜测是不对的。又一次,我找田老师,正好他人没有回来,于是我就坐在高等研究院的办公室。办公室的秘书倒水沏茶,还拿来很多有关高等研究院的简报、经济学院的简报等让我打发时间。还有一次,我是等高等研究院的副院长,办公室的秘书又是帮我打电话询问领导何时回来,又是帮我复印材料,态度和蔼可亲,让我头一次感觉到当老师的神气。

我就在想,同样是行政人员,同样是大学,又是同样的事情,这里的行政人员为什么会不同于其他学校呢?

我想,答案不会是他们的素质比其他学校的行政人员高,而是由于这里的规章制度是科研和教师导向的,而不是行政导向的。在国内很多高校,行政人员为什么态度蛮横,服务意识极差,原因是那里的管理体制是官本位导向的,是行政导向的,而不是科研导向或业务导向的。有人说,在这种官本位和行政导向下,"大学教师的地位与民工没有什么两样",行政让干什么就干什么,领导让怎么干就怎么干,行政让你上多少课你就上多少课,否则就会在评职称、晋升等方面困难重重,或者就是年终奖金落后于不干事的人。在那里,不要谈什么教育规律,也不要谈什么公平,因为公平与否不是取决于民主讨论,而是一个人或者少数几个人说了算。

什么叫作"研究型大学"?

现在国内很多大学均提出建立研究型大学的设想,我也看到田国强院长一篇有关研究型大学的发言。我同意田老师的看法,那就是所谓的研究型大学不只是关注理论,还包括从事应用研究和政策研究,应更宽泛地理解研究型大学。由此,我就联想到这样一个问题,大学和咨询公司的区别到底是什么?现在外面的咨询公司大多是从事应用研究的,它们一定是企业和应用导向的,长处是天天和企业"混"在一起。很多咨询公司的老总本身就是从事多年企业经营的老总,他们的优势就在那里。大学的优势是什么?如果这个大学要从事应用研究,那就必须确保它的人才结构与企业接轨。当然,一种办法是从企业招募更多的人到大学任教,比如让他上一门课,时间可长可短,或者让他做讲座;另一种办法就是让更多的教师到企业去调研,去锻炼,发掘可研究的题材,并解决企业的问题,但要保证职称评审体系是应用导向的,而不能太拘泥于年限、资历等。如果这个大学从事的是理论研究,那就必须保证它拥有的人才理论功底扎实,而且要给这些科研人员一个相对宽松的环境。其实,世界上还真找不出一个学校完全是理论研究型或者应用研究型的,因为二者互不可分。前者难度大,但贡献大,赚钱的机会少;后者贡献直接,赚钱的机会多,所以二者结合起来是最好的。

哈佛大学那种共生共荣的科研体制值得提倡。那些搞应用研究的人赚来的钱要拿出一定的比例来补贴那些搞理论研究的科系,因为哈佛大学的名声在很大程度上是来自于这些从事理论研究的人,是他们的文章、理论贡献扩大和延续了哈佛大学的知名度。若没有这些知名度,企业怎么会相信这些搞应用研究的人,怎么愿意把钱交给他们?如果要将理论研究与应用研究分开,就必须存在一个分工合作的市场机制,由这个市场来协调理论研究与应用研究之间的成果转换、报酬分配等,否则就会出现问题。在国内,这个问题比较严重,很多学校只承认自己搞应用研究,但根本就没有自己的优势,也不会去企业搞调研,人才结构又不是企业导向的,职称评审体系仍是老一套,结果所谓的应用研究就成了缘木求鱼、华而不实的摆设。

适宜于开展科研活动的环境是什么?

既然无论从事的是理论研究还是应用研究,都必须搞科研,那最适宜于开展科研活动的环境又是什么?

我想,如果从理论角度来看的话,那就是资金充足、领导重视与具有服务科研的意识。因为没有钱,科研活动就不能开展;领导不重视,就没有相应的政策,就会被迫天天上课,而根本抽不出时间进行科研;服务科研的意识不强,就会阻碍甚至延缓科研创新,降低知识创新的速度。但是,在国内大学,很多人特别是行政人员,甚至领导并不想更好地服务于教师,在他们眼里,做好科研是教师自己的事,而将来的名声和收益也是教师自己的。另外,如果教师科研搞得好,反倒不好管了,甚至会对领导的地位造成威胁。事实上,这就会陷入一个怪圈。无能的领导用无能的手下,无能的手下拥戴无能的领导,歌舞升平,四平八稳。为什么会出现这种低水平均衡的陷阱呢?

中国教育陷入低水平均衡陷阱的原因

第一,这可能是机制问题,而不是某个领导的问题。因为如果这个领导能干的话,他就会给现有的体制带来一定冲击,从而对该体制下很多人的利益造成冲击,于是新的领导就会维护老的领导以及相关的利益,接着新的领导又会变成老的领导。所以,在体制未变的情况下,能人就会被无能的人赶跑,出现人才流动的"逆淘汰"现象。

第二,如果体制内存在着改革的机会以及可行性的话,那么是否能够打破这种低水平均衡就取决于现任领导的魄力和能力了。如果领导有足够强的魄力,他就会不遗余力地推行改革。同样,如果领导的能力足够强,他就不怕别人超越自己。举个例子,如果我是院士领导,"声震武林",在 SCI、EI 上发表的文章多如牛毛,那么我就会引进"海龟",引进有能力的人士,主抓科研,推动创新。但是,如果我一年连一篇 CSSCI 的文章都发表不了,那别人在科研上的进步就会是我前进的最大阻力,其结果当然就是全体教师的共同退步,而不是进步。

现在,我每上一次班,就要在路上花约两个小时。每次路上都会重复上演这样的故事:乘客经常向驾驶员和售票员抱怨公交公司的公交时间安排不合理,没有考虑乘客的利益,配置的车子差,服务人员态度差。驾驶员和售票员也总是态度恶劣地回答:"我又不是领导,你跟我说了有什么用?"第二天,同样的故事又会接着上演。为什么大家不一起解决这个问题呢?

道理是同样的:第一,公交是垄断行业,私人在很大程度上不准经营,因而过去的"公司行政导向"或者非利润导向的习惯思维就会延续,换个新的领导还是如此,没有太大变化;第二,一些公交公司的领导没有能力,没有足够的魄力,不愿意冒险,四平八稳、太太平平最好,于是出现对顾客抱怨、市场反响的不理睬。

在我看来,中国目前的教育体制与公交体制非常类似。第一,没有太大的竞争压力。目前,中国还不大允许更多的私立大学成立,也不大允许外国大学在中国设立分校,并且仅有的那些民办大学不会对公办大学造成太大的冲击,所以老的思维习惯、管理习惯仍然有很大的市场。第二,中国目前还不允许大学进行跨地区的重组和合并。事实上,中国的大学仍然在很大程度上是地方保护式的,竞争性较低,形成一种垄断竞争局。同时,中国很多高校的招生还被划分为全国招生和地方招生,这其实就是招生时的“垄断体制”,从而限制和助长了大学的垄断性。第三,事实上,中国教育体制面临的压力已经凸现了出来,包括来自家长的压力,来自学生的压力,来自国外的压力,来自经济发展对于中国人才培养体制的挑战等。虽然一些地方高校有着这种改革的趋向,但领导的能力、魄力不是很强,还不敢跨出这关键的一步。

如何才能打破中国教育体制的低水平均衡?

第一,从上而下,由上面的主管机构给出政策,然后启用新人,或者从海外“空降”,或者从国内招募,或者从本单位选拔。但是,上级主管机关一定要认可这个领导,给予他很大的支持,让他放手进行教育改革,否则这个改革也会胎死腹中或中途流产。

第二,对教育机构引入竞争机制,允许大学的跨地区合并和重组。当然,这是个举足轻重的大事,需要更多的研究和试点。

第三,在现有教育体制下,推行人事和职称评审体制的改革,去除现有职称评审体制中的论资排辈条款以及相关的任职年限条件,而主要根据一个人的能力(科研能力、教学能力等)以及对教育和科研的贡献。这样,就会在一个学校或者一个地区塑造出一种教学和教育改革的新气象。

上海财经大学高等研究院就是这样一块乐土,它有财政部、教育部的“经济学创新平台”的支持,又有大量海归博士的加入,还进行了大量的教学、科研和职称评审、职务聘任体制改革等,因此它定会是一片科研的乐土、追求创新的乐土。

(发表于《西部论丛》2008年第5期)

教学与科研：鱼与熊掌能否兼得？

在每年的"两会"上，关注教育改革、化解教育矛盾、构建和谐教育都会成为各位代表的共同心声。从教育活动的主要实施者——一个普通教师的微观视角看，如何才能破解教育矛盾，构建和谐教育，为中国的教育改革贡献自身的聪明才智呢？答案只有一个，那就是认清自身面临的微观矛盾及其普遍性、特殊性，然后合理处理这个矛盾，并找到破解教育宏观矛盾的"金钥匙"。

教学与科研是教师面临的一对矛盾

做教师的人也许都能意识到这一点，那就是教学与科研永远是一对矛盾(trade-off)，原因是人的时间总是稀缺的，而这两种活动均要占用一定的时间。经济学上说，"The cost of something is what you give up to get it"。这意味着，在现实生活中，人们做一件事的成本必定包含着两种形态：第一种是金钱成本，第二种是机会成本。比如，买两根油条、一碗豆浆花掉 5 元人民币，这 5 元人民币就是你为了得到这顿早点而必须放弃的金钱成本。然而，决定人们是否明智地进行经济决策的常常不是生产成本，而恰恰是机会成本(opportunity costs)。什么叫作"机会成本"？顾名思义，就是获得了一个机会却又丧失了，由于这种机会丧失而带来的成本。比如，从事教学活动，就会丧失从事科研活动的机会；反之，从事科研活动，也会丧失进行教学活动的机会。

从这个角度看，教师之所以会选择教学而不是科研，或者从事科研而不是教学，关键的原因并不是教学和科研的绝对收益，而正是基于教学和科研活动获得的收益与由此带来的机会成本之间的两相对比。

教学活动的收益是什么？第一，它向天下大众、广大学生普及经济学知识，增加学生甚至人类的知识存量；第二，对教师而言，它能帮助学生掌握和巩固所学知识，发现其中的问题，塑造和树立个人、学校的知名度，给自己带来短期收益。相较而言，科研活动的收益则是：第一，它能扩充教师的知识存量、视野，增加教师对知识的运用和掌握；第二，它会给教师本人及其所在单位乃至整个社会带来巨大的、长远的正面溢出效应。

既然如此，从事教学活动的机会成本就是人们不能获得从事科研活动的巨大收益，从事科研活动的机会成本就是不能分享教学活动的收益。由此看来，教学和科研活动的确是每一位教师必须面临的主要矛盾。

教学与科研的矛盾性质

恩格斯说，“前进和后退，运动和静止就是矛盾”。列宁说，“在数学中，正和负，微分和积分。在力学中，作用力和反作用力。在物理学中，阳电和阴电。在化学中，原子的化合和分解”，都是矛盾。毛泽东说，“战争中的攻守、进退、胜败”更是矛盾的现象。中国哲人常用“有所失，必有所得”来解释这种相互矛盾的现象。

对一个教师来说，教学与科研就是这样一对矛盾。前者是知识能量的释放、知识内容的复制、知识信息的溢出；而后者是知识能量的积聚，知识内容、范围的扩充、深化，知识信息的收集。没有知识能量的积聚，就不会有高质量的知识释放；没有知识内容的扩充、深化，知识的复制也就成了简单的重复；没有知识信息的收集，也就没有知识的溢出。如果将教学看作一种“失”的话，那么科研就应该是一种“得”；如果将教学看作一种“得”的话，那么科研就是一种“失”。没有得，也就没有失；没有失，也不会得，二者彼此统一，共存于每一位教师的教学和科研生活中。

从经济学角度看，教师应该如何在这种两难冲突中进行合理定位，找到自己的“黄金分割点”？

经济学的一个普遍法则告诉我们，当一个教师进行教学活动的边际收益等于其边际机会成本时，也就决定了他从事教学和科研活动的“黄金分割点”。由于教学与科研活动的不同性质，前者是相对简单的劳动，后者是相对复杂的劳动，又由于不同教师的个性和能力禀赋不同,因而教学与科研之收益和机会成本应因人而异,这样教学与科研的"黄金分割点"便不是一项集体性活动所能决定的了,而更应该成为一种相对个人性的选择活动。

我曾问过芝加哥大学的教授,得到的回答都是:在那里,选择开什么课,开多少课,怎么开,进行多少教学、科研活动,考试怎么考,通常都是由教师的自选择行为决定的。因为倘若不是如此,就必然违背个人的意愿,违背教学与科研活动的特殊规律性,从而也会给教育的长远发展、学生的个人成长乃至教师的发展进步造成巨大的机会成本。

现实中违背教学与科研规律性的表现及原因

现实中,违背个人意愿、违背教学与科研特殊规律性的情形大致有两类:

第一类是走极端,要么重视科研而忽视教学,要么重视教学而忽视科研。前者通常是研究型大学所犯的错误,后者通常是教学型大学所犯的错误。结果,前者的知识创造看上去加速了,但其知识的传递、溢出却落后了,结果是人才培养可能走入低谷。后者的知识传播标准化、准确化了,但却成了纯粹的知识传递"留声机""复读机",教师丧失了对前沿知识的掌控,学生丧失了攀登科学高峰的机会。

第二类是凡事"一刀切",在教师的教学与科研活动中搞人际平等。譬如,对所有教师均要求在 SSCI、SCI、EI 上发表文章。又如,让所有教师都必须承担相同的教学和科研工作量。这样看似公平了,但却在表面公平的帘幕之内埋下了事实不公平的祸根。

我以为,之所以会出现这两种违反个人意愿、违背教学和科研规律的情形,主要原因有两方面:

第一,深层次的原因是,传统的教育体制在很大程度上仍然是一种相对集权的、与计划经济相适应的体制形式。在此体制下,高等学校享有较少的自主发展权,到底是该成为研究型大学还是教学型大学,它们并不能完全做主,也不能比较自主地在社会上、校园内进行资源和人才的优化配置,而往往成为主管部门的主观意识以及划分部类、划分等级的人为意志的表现。

第二，国内大多数大学的校长是学校公共产权和管理活动的代理人，而不是所有人，其中的弱激励使他们的行为毫无例外地短期化，而不是长期化。近年来，一些公立大学实行了改革，成立了董事会，实行投资主体的多元化和管理作风的市场化改革，学校获得了发展的自主权和自由决策权，很好地处理了这个问题。也有不少民办大学，比如西安翻译学院、台湾地区的淡江大学等，由于它们是学校产权的所有人，又由于其领导具有长远发展的眼光，所以也基本上解决了这个问题。

辩证唯物主义认为，如果不认识矛盾的普遍性，就无从发现事物运动发展的普遍原因；同时，如果不研究矛盾的特殊性，就无从确定一事物区别于他事物的特殊本质，就无从发现事物运动发展的特殊原因或特殊根据，无从辨别事物，也无从区分科学研究的领域。

从经济学的角度看教学与科研，我们也可以这样说，如果不认识教师的利己动机在教学与科研活动中的积极作用，就无从发现教学与科研活动的普遍动力；同时，如果不研究教学与科研的相互冲突特征，就无从制定出合情合理的规章和制度，也无从发展和壮大一个学校。

破解教学与科研矛盾的“金钥匙”

从教学与科研这个每位教师都必须面对的矛盾来看，如何才能化解和处理好这对矛盾呢？

第一，从学校整体上看，认识教学与科研的互补性特征，凡事不要搞集体行动，重视科研并不意味着让全校教师、用所有资源搞科研，重视教学也并不意味着让所有教师、用所有资源从事教学，而应该同时创造适合于教学与科研活动的各种制度条件，让资源、人才、资金顺畅、连续地流往这两种对学校、教育发展相互促进、相互补充的活动中去。

第二，从管理的规章和制度角度看，允许教师按照自己的兴趣、禀赋在教学与科研活动中进行自主选择，让适合教学的人从事教学，让适合科研的人从事科研。比如，国内有高校将教师全年的教学与科研活动折合成一定的分数，允许教师在教学与科研活动中相互转换，这就是一种很好的做法,应该提倡,而不是打击。还有一些学校允许教师在选择教学和科研时,按照“大小年”的形势进行安排,这也是一种考虑到教学和科研互补性、相容性、冲突性的明智选择。

第三,从整个社会看,不要在教育的投资、回报上太过功利,不要将少数几个比较“富裕”的教师当成教师的总体。事实上,教学与科研是比较复杂的劳动形式,如果不容许教师取得多倍于简单劳动的回报,不容许教师实现自身的利己动机,教学与科研的矛盾就会转化为是教育还是赚钱的矛盾。其结果就是,整个社会看上去虽然支付了较低的成本,但却给中国教育的未来发展带来了巨大的机会成本。

也许只有这样,从小处着眼,才能真正掌控全局,教学与科研活动中的替代和互补、收益和成本、利己和利他、短期和长期的矛盾特征才能得到较好处理,教育活动乃至整个教育事业中的鱼与熊掌才能兼得。

(发表于《群言》2011年第8期)

第六章

美丽中国“新视角”

中国餐饮业和亿万家庭“油烟减排—美丽中国”行动倡议

如今,每当夏季来临,全国各地的烧烤摊悉数登场,各大餐馆的生意也显得异常红火。然而,在如此红火的餐饮业背后,各个摊位袅袅升起的蓝色、黑色、红色和黄色的烟雾却拧成一团,肆无忌惮、毫无遮拦地排放着。很多餐馆与家庭甚至并没有安装任何油烟设备,毫无顾忌地排放着呛人的油烟……

2013 年 9 月 10 日发布的国务院《大气污染防治行动计划》中明确倡议:“开展餐饮油烟污染治理。城区餐饮服务经营场所应安排高效油烟净化设施,推广使用高效净化型家用吸油烟机。”如今,这个行动计划已经颁布实施两年多了,但中国餐饮业和亿万家庭的表现却差强人意,似乎对落实该行动计划表现出集体的失语、失声和失忆。

根据中国科学院“大气灰霾溯源”项目负责人中国科学院大气物理研究所王跃思研究员的研究,餐饮业已成为北京 PM2.5 污染的三大来源之一,占雾霾来源的比重为 11%,其他排放源分别是:燃煤占比 26%,机动车占比 19%,工业占比 10%。[①] 根据 2015 年 1 月上海环保局的数据,餐饮业以及农业生产、生物质燃烧等在上海 PM2.5 的排放中占比也达到 15%,成为上海 PM2.5 排放源的第三名,其他排放源分别为:机动车、船、飞机、非道路移动机械占比 29.2%,工业生产占比

① 参见 http://blog.sina.com.cn/s/blog_52f526870102v59g.html。

28.9%,燃煤占比13.5。[①]

我以为,在PM2.5的前四大排放源中,餐饮业减排成本最低,减排起来最为容易,见效也最快;同时,餐饮业减排还能为其他行业的减排树立榜样,彰显新一代中国人建设"美丽中国"的蓬勃朝气。

第一,餐饮业减排往往只需要餐饮经营者安装高效的吸油烟机或者油烟净化设施,而这些设备的成本并不是很高,进行这样的设备更新和改进也不存在太大的技术障碍。相对而言,机动车、燃煤、工业减排的难度要大很多,不仅涉及技术升级换代的问题,还可能涉及中国现有产业结构转型和升级问题,这其中隐含的巨大技术障碍和资金投入也会使得这些行业的减排难以较快奏效。

第二,餐饮业属于典型的劳动密集型服务业,其经营者大多为私营、个体企业。由于这个行业的特点,全国餐饮业的经营者人数非常之多,经营的餐馆数量就更大得惊人。按照不完全统计,如果中国3—4亿个家庭和上千万个餐饮企业都能安装高效的油烟净化设备,中国的雾霾率将至少减少15%—20%左右。

第三,相对于其他PM2.5排放源来说,餐饮业减排见效的时间往往更快,只需要在全国范围内要求餐饮企业安装高效的油烟净化设备,较容易在两到三年的时间内,在全国范围内取得大气污染治理攻坚战的阶段性胜利,也能为党和国家赢得污染治理的坚强信心与声誉。

2015年3月24日,习近平总书记主持召开中央政治局会议,通过了《关于加快推进生态文明建设的意见》。该意见指出:"牢固树立尊重自然、顺应自然、保护自然的理念,坚持绿水青山就是金山银山,动员全党、全社会积极行动、深入持久地推进生态文明建设,加快形成人与自然和谐发展的现代化建设新格局,开创社会主义生态文明新时代。"

综上,我提出如下中国餐饮业和亿万家庭"油烟减排—美丽中国"行动倡议:

---

① 参见 http://news.163.com/15/0107/10/AFBMF9H800014SEH.html。

(1) 由中央文明办、中宣部会同国务院有关部门组织，在全国餐饮业和亿万家庭范围内发起《中国餐饮业和亿万家庭“干净厨房—美丽中国”行动倡议》，在全国范围内倡议餐饮业和亿万家庭，“改变从我做起”，使用高效油烟净化设备，力所能及地减少餐饮油烟排放，为建设“美丽中国”贡献一分力量。

(2) 由中央文明办拍摄有关习近平总书记家庭油烟减排的场景。国家领导人通过自己下厨房做饭，告诉人们如何减少油烟排放，如何通过个人行为保护环境，一来影响亿万家庭和餐饮企业，以实际行动推动中国大气污染治理行动的落实；二来彰显中国“第一家庭”油烟减排的实际行动和亲民爱民的形象。

(3) 由国家相关部门制订并印刷《中国餐饮业和亿万家庭“油烟减排—美丽中国”行动指南》，并将该指南发放至全国每一个家庭、每一个餐饮企业，告知他们具体减少油烟排放的行动方向，如餐饮业流程的改变、家庭餐饮习惯的改变。

(4) 在中央电视台制作中国餐饮业和亿万家庭“油烟减排—美丽中国”的公益广告，通过全国各地的电视台、网络、微信、微博等现代传媒手段，向全国播放，以推动倡议的落实。

(5) 模仿前几年国家有关部门的“家电下乡”“家电补贴”的政策，对于愿意购买或者更新高效油烟净化设备的家庭，政府给予一定的资金补贴。一方面，这可以提高亿万家庭采购高效油烟净化设备的积极性，在一定程度上拉动这方面的内需和消费；另一方面，通过创造和增加高效油烟设备的国内需求，刺激国内企业在这方面的投入和研发，推动中国制造业在油烟净化技术方面的进步。

(6) 由国家环保局、民政部、商务部、财政部联合，在全国范围内开展一次餐饮业和亿万家庭油烟减排的检查，在检查中宣传并教育相关的企业和家庭如何增加环保意识，通过实际行动减少油烟排放。对于营业性餐饮企业，原则上必须安装高效的油烟减排设备，对于不安装，或者在油烟减排方面不力、对环境损害比较大或者严重的餐饮企业，给予一定的行政处罚。对于家庭用户，以资金补贴的形式，鼓励他们尽快更新油烟减排设备，并采取相关的措施，减少油烟减排。

（7）将餐馆油烟排放情况列入餐馆卫生许可或者卫生评比指标中，定期向社会公布，促使企业不仅要注意餐馆里面的环境卫生和健康，而且还要保障餐馆外面的油烟排放对于环境的“友好”。

另一个气候变化的经济学版本

顺手翻开2012年5月29日的《东方早报》，不经意间发现了“理论动态”版刊登的我有关气候变化经济学的最新研究成果。编辑的题目起得颇为传神——《量气温知兴替？》，一是这个题目能一下子抓住读者的眼球，恨不得马上拿来一睹为快；二是它能利用这个简短的理论动态告诉读者一个简单的哲理——这个有关气候变化的经济学可能是另一个不同于西方气候变化的经济学版本。

先来说说什么是西方气候变化的经济学版本吧。其实，很简单，那就是研究当代的全球变暖对人类经济社会的生产、生活、消费、分配等经济范畴之相关影响的一门经济学问。具体而言，这个所谓的西方气候变化的经济学版本，至少要回答这样一系列密切相关的经济学问题：第一，今天的全球性气候变暖是怎么出现的？何时出现的？第二，这个全球性的气候变化对当代的农业、工业、服务业发展，人类的健康、出生率、死亡率，消费方式，贸易流向、贸易流量，发达国家与欠发达国家的收入、贫富、社会差距等，有什么样的影响？其中的作用机制又是怎样的？第三，人类到底应该采取什么样的对策，才能有效遏制这种现象的进一步恶化？而不是完全相反，即人类对此无动于衷，坐等地球的温度升高到超过人类的忍耐极限，并带来生物多样性的丧失，人类生产、生活方式的一系列崩溃直至消亡，就像戴蒙德在《崩溃：人类社会如何选择成败兴亡》一书中所描写的那样。

这个气候变化的经济学版本起步于20世纪80年代，之后吸引了越来越多经济学家的注意力。著名经济学家威廉·诺德豪斯1982年发表了《我们应该以多快的速度在全球的公共牧场放牧？》一文。在这篇文章中，作者详细地分析了气候变化对人类经济社会、生产和生活方式所带来的一系列影响，同时给出了应对这些问题的规范、实证分析与政策措施建议，比如加强国家间有关碳排放权利的交易；增加碳排放税；提高企业绩效的标准；对老的技术进行升级换代，使之能够产生更少的碳排放量；在 GDP 的核算中增加绿色 GDP 的核算；倡导低碳出行与生活等。

我记得最清楚的一张有关气候变化前后自然环境之巨大反差的地图，便是澳大利亚著名的华人经济学家黄有光教授传给我的。这幅图描绘了 300 年来喜马拉雅山麓同一地理位置的两张照片，图中清楚地显示了气温上升、冰川消融的景象。按照西方气候变化的经济学版本，气温上升，冰川会消融，海面会上升。据科学家们的预测，到 2080 年，中国东南沿海海拔 1.5 米以下的地区中，将有 40% 被海水覆盖。我当时头脑中就充满了一幅上海被海水淹没，从“海上变为海下”以及自己悲惨逃难的情景：先是将早已准备好的橡皮筏拿出来，装上心爱的书籍，然后依依不舍地划船西行。在一路西行的路上，我还要写一本有关上海从乡村到特大城市，再从特大城市到海洋的变迁史的书，留给后人，作为告诫人们热爱环境、关注地球的宣言。

按照目前西方版本的气候变化经济学，上述这一系列后果都会慢慢出现。可是，也的确有不少经济学家认为，这样的恶果并不会出现。原因主要是，价格机制有着神奇的魅力，只要到时候价格的调节功能还发挥作用，那么全社会的人就会作出反应，迅速遏制气候变暖的趋势，并寻找到更新或更高效、更低碳的生产和生活方式。因此，大家大可不必对此惶惶不可终日。有的经济学家甚至说，关注气候变化这种遥远的未知现象还不如关注眼前的现实来得更加有意义和踏实。

我认为，经济学有关气候变化的正面和负面结果以及相关应对举措的现有研究，大多带有几分预测和预言的成分。毕竟，当下的全球气候变暖只是在最近的几十年才变得明显起来。不仅如此，人类有关应对气候变暖的经验也非常之少，并且往往局限在那些沿海或者自然环境相对脆弱的地区。比如，每届联合国气候变化的国际会议场外，到处都是来自海地的游行人员。可是，对于那些非海地的、自然环境相当优越的国家而言，他们怎么能体会到海地人祖先坟墓已被水淹的切肤之痛呢？原因很简单，对于现有的西方气候变化的经济学，人们的了解、研究和体会还远远不够。

然而，世界就是世界，尽管充满了困惑与焦灼，人们仍然往往只关注眼前而不是长远。将眼睛转向未来，我们的"法力"尚不足够强大，还无法预测2050年甚至2080年的世界。可是，只要人们将眼睛转向历史，他们就能收获颇多。拿气候变化来说，当我们如此做时，就会发现另外一个气候变化的经济学版本。它是那样的完整，因为中国有着非常丰富的有关过去三千年天灾人祸、天气变化和有关农业生产、节气、时令变化的文献记载；它又是那样的楚楚动人，因为气候变化所产生的一系列后果，对农业生产、土壤植被、水文和河道变动、人口迁移与民族关系的影响，对经济重心所带来的重重压力，以及人们的反应等，都清楚地随着时间而一幕幕渐次拉开。

可惜的是，对于这些历史画卷的研究，却只有较少的人才敢于、乐于关注。因为它不仅需要研究者有着广阔的知识视野：历史学、政治学、社会学、考古学、地理学、农学、植物学、动物学……而且还需要研究者具有十分果敢的勇气和毅力，若只蜻蜓点水，将一无所获；若只想从中获利，博取短期的功名利禄，将得不偿失。只有那些对这一事业如此着迷，不贪图功名利禄且能放眼长远的人，才敢蹚这摊"浑水"并勇往直前。

这个版本的气候变化的经济学，可称为中国气候变化的经济学。因为中国有着比其他国家更加绵长的历史记载，并且有着辉煌的政府与社会互动关系的实践，其中外生的环境冲击，政府为主的应对机制，经济个体在给定约束下的自我选择以及相互交织、相互调适，共同构成了这个版本的气候变化经济学的必备"龙骨"。

这个版本的气候变化经济学，不同于当代西方的气候变化经济学。

当代的西方气候变化经济学，是一个基于农业、工业两部门的内生气候变化模型。气候变化内生于工业部门的生产过程，同时农业和工业生产又进一步制约气候变化。在这个模型中，很多问题已经很难进行详细的阐释。毕竟今天国家的疆界已经十分清晰和稳固，外生冲击下的人口不可能完全自由地逾越疆界而流动。今天，世界上的游牧民族和部落已经所剩无几，农业民族在枪炮、钢铁、医药的武装下拥有了相对于游牧民族和部落的绝对优势。因此，游牧民族与农业民族的冲突将不可能重演。与此同时，现代民族国家的实力由于武器和技术的发展大大增强。因此，出于环境恶化而对邻国进行入侵恐怕已经很难较大规模地上演。因此，当代的西方气候变化经济学顶多只会关注一些具体而微的局部问题。

相反，在中国气候变化的经济学版本中，这种气候变化在很大程度上是世界气候循环的一部分，当它发生时，先是农业生产和牧业生产受到影响，接着水文、河流、土壤、植被受到摧残，一系列对气候敏感的自然灾害就会出现，之后生活于其上的游牧民族和农业民族的关系就会紧张。在这些连环的外生环境冲击下，人类社会的一系列部门或者环节之间的关系趋于紧张，人口、资源与环境的矛盾就会暴露出来，人类为了生存而采取的掠夺、抢劫、交易方式就会发生相应变化，王朝的更迭也就会随之发生。

公允地说，中国历史上的政府多是很负责任的政府。当时的政府发布《劝农书》，出版农业著作，宣传农业生产的技术；建粮仓，以备赈济之用；从康熙开始时，全国各地的粮价报备中央，修建运河，以漕运解决粮食安全；等等。然而，当时政府应对气候变化、环境恶化的对策，更多是短期性的、局部性的，没有构筑起爱护环境、植树造林、关爱地球这样的“绿色长城”。尽管如此，从历史上，今天的我们的确应该学习良多，而不是与文化基因一刀两断。

我的《公元11世纪后的气候变冷对宋以后经济发展的动态影响》（与尹伯成合写，《社会科学》2011年第12期）、《气候变化是否影响了我国过去两千年间的农业社会稳定?》（《经济学季刊》2012年第2期）等文章以及专著《小农经济、惯性治理与中国经济的长期变迁》（格致出版社、上海人民出版社2010年版）就是上述气候变化经济学版本的一些尝试，建立在中外历史学家、经济史学家、地理科学家的工作基础之上。当然，更离不开经济学家的一些先期研究。

希望我所述的气候变化经济学有着不同于西方的特色，有朝一日能成为名副其实的另一个版本。

（发表于《东方早报·上海经济评论》2012 年 7 月 2 日）

中国历史气候变化的千年趋势

中信出版社 2010 年出版了一本颇具冲击力的著作《气候战争》。作者大胆预测了中国未来 50 年面临的气候变化情景："到 2030 年，中国南方的水灾频发，国家需要在北方重新安置数十万甚至数百万的灾民，到 2040 年，中国的河流萎缩、长江三峡水电站大受影响，沿海地区因为海平面的上升和热带风暴的袭击而遭受重创，中国与日、美关系紧张，甚至发生战争……"然而，作者有关中国气候变化的预测并没有考虑中国历史气候变化的基本事实以及当今中国正在应对气候变化所进行的诸多努力。因此，我以为，不顾历史事实和现实而妄断未来至少是不科学的。本文首先描述过去两千年间中国历史气候变化的趋势和特征，然后试图描绘和勾勒中国历史气候变化对人类经济、社会和政治等产生多方面深远影响的全景图，以期有助于当代有关气候变化的诸多努力。

谈到中国历史气候变化的趋势和事实，就不得不提到中国著名的地质学家竺可桢（1890—1974）。他有关中国气候变迁的研究始于 1910 年左右。此后，他几十年如一日地坚持在地理学、物候学、气象学领域进行研究与耕耘，先后发表了《中国之雨量及风暴说》（1916 年）、《历史时代世界气候的波动》（1916 年）、《远东台风的新分类》（1918 年）、《关于台风眼的若干新事实》（1918 年）、《台风的源地与转向》（1925 年）、《南宋时代我国气候之揣测》（1925 年）、《中国历史上气候的变迁》（1926）、《中国气候区域论》（1930 年）、《中国气候之运行》（1933 年）、《东南季风与中国之雨量》（1934 年）、《中国气候概论》（1935 年）、《前清北京之气象记录》（1936 年）、《物候学》（和宛敏渭合著，1963、1973 年）、《中国的亚热带》

(1958 年)、《论我国气候的几个特点及其与粮食作物生产的关系》(1963 年)等大量气候研究著作。可以说,他不仅是中国气象学、气候学和物候学的奠基人,而且也是中国人口、资源、环境问题乃至气候变化经济学的开拓者。

1972 年,经过数十年的研究之后,竺可桢发表了《中国近五千年来气候变迁的初步研究》一文。该研究将整个中国历史划分为四个时期,并采用了四种相应的分析方法:(1) 公元前 3000 年到公元前 1000 年,他称之为“考古时期”,主要使用西安半坡遗址、河南安阳遗址等的考古资料。另外,他还运用了殷商时期很多求雨甲骨文上的记录。(2) 公元前 1100 年到公元 1400 年,他称之为“物候时期”,主要运用的研究资料是中国历史上官方史书中有关物候方面的文字记载。(3) 公元 1400—1900 年为方志时期,主要的研究资料来源于中国各地方志资料。(4) 公元 1900—1979 年为仪器观测时期,主要是在清代的雨日记载、1867—1927 年俄罗斯科学院在北京建立的气象和地磁站的数据资料的基础上进行相关研究。

竺可桢经研究发现,从近五千年气候变化的总趋势看,中国先是经历了一个显著的由暖变冷,再由冷变暖的循环过程。具体而言,公元 11 世纪之前,总体上属于温暖期,平均气温高于现代 1℃。公元 11 世纪之后,中国开始转入寒冷期,平均温度低于现代 1℃。大约从 1900 年后,中国再次转入温暖期。从气候变化与相关朝代之间的对应关系来看,夏、商、周、秦、汉、隋、唐等朝代总体上属于温暖期;从北宋开始,南宋、西夏、金、元、明和清代的大部分时间属于寒冷期,其中商朝末年、三国、两晋、南北朝时期属于温暖期中间的寒冷期。就公元 11 世纪后大部分处于较冷期的朝代而言,南宋、明朝中后期(1540—1620 年、1750—1850 年)又属于寒冷期中相对较温暖的时期。

在清楚了如上有关中国历史气候变化的千年趋势和相关特征后,就能大致描述出有关中国历史气候变化的政治经济学的分析框架了:

(1) 从气候变化与土壤、植被、自然灾害、农业生产和牧业生产的关系来看,由于后者往往会受到前者非常大的影响,因此可以推测,气候由暖向冷的变化会影响土壤、植被、自然灾害的发生,也会影响农业和牧业生产的效率,从而形成对中国历史上经济和社会的巨大影响。

(2)从气候变化与人口迁移、民族关系这一角度看,我们也能进行相应的推理,汉族的农业生产会受到气候变化的影响,而位于西北部的少数民族的牧业生产会受到气候变化更严重的影响,因此游牧民族向东、向南的掠夺,汉族向东、向南的自然迁移将不可避免。此外,汉族和游牧民族出于稳定生产和生活的目的,二者之间的冲突难以避免。

(3)从气候变化与相关朝代经济、社会和政治稳定的关联角度看,凡是那些处于温暖期的朝代,往往经济实力强劲,社会和政治稳定,如夏、商、西周、两汉、隋、唐;相反,凡是那些处于寒冷期的朝代,往往兵荒马乱,政治不稳定,如北宋、南宋以及元明、明清朝代更迭的时期。

(发表于《东方早报》2012 年 7 月 24 日)

气候变化与中国历代农业生产变迁

1717 年,康熙皇帝在即将结束自己 61 年的统治时说过这样一段意味深长的话:“天时地气,亦有转移。朕记康熙十年以前,四月初八日已有新麦。前幸江南时,三月十八日亦有新麦而食。今四月中旬,麦尚未收……又闻福建地方向来无雪,自本朝大兵到彼,然后有雪。”

康熙皇帝的这段话至少向我们传递了两个重要信息:第一,清代的皇帝对当时气候变冷这一自然现象及其与农业收成之间的关系已有一定程度的认识;第二,从他的“福建地方向来无雪”这一错误判断可以看出,他对中国的气候变冷始自何时、经历了怎样的变迁、将会通过哪些具体途径影响农业生产可能并不完全知晓。本文将沿着当年康熙皇帝的这一观察视角,检视中国气候变化与历代农业生产变迁之间的关系,以史鉴今,为我所用。

我在《中国气候变化的千年趋势》(《东方早报 · 上海经济评论》

2012年7月24日)一文中指出,公元前2000至公元1000年,中国的气候变化趋势主要是变暖;而公元1000年直至1950年,中国面临的主要问题却是显著变冷。这种气温以及平均降水的变化对中国历代农业生产变迁产生了不容忽视的影响。

适宜的气候环境是中国古代农业生产诞生的必要条件。距今约100万年的更新世的气候冷暖变化以及由此产生的风促成了黄土的形成。之后,在干燥与湿润交替变化的气候周期作用下,相对松软且不同层次的黄土得以堆积,中国古代农业由此诞生。到了汉代,在温暖的气候条件下,精耕细作终于得以实现,并在此基础上形成了中国早期的土地占有制度和政府重农抑商的传统。

虽然中国很早就进入精耕细作的时代,但农业依然是一种靠天吃饭、对气候变化十分敏感的产业。国内外的哲学家、经济学家等都发现,在生产的过程中,土地、劳动力等生产要素效力的发挥都会受到降水、温度、湿度变化的影响。通过经验研究,我们可以有把握地预测,温暖的气候与相对稳定的农业生产相联系,而寒冷的气候则与农业减产、粮价高涨甚至饥荒等相联系。

在这方面,中国学者吴慧在1982年进行的一项研究可以给我们提供间接的证明。他发现,秦汉时期的粮食亩产折合现代的亩数为132公斤,东晋南朝为125.35公斤,北朝为128.8公斤。研究者们发现,这主要是魏晋南北朝时期中国气候变冷造成的。吴慧还发现,两宋时期的粮食亩产较唐朝下降了7.48%;元朝基本上与唐朝持平,稍有增加;明朝和清朝中前期,尽管政府更加重视农业生产,但粮食亩产却只比唐朝增加2.69%和9.8%。我以为,从北宋开始的气候变冷无疑是一个重要的负面影响因素,因为除此之外的农业生产技术、人口增长、政府的政策措施都预示着完全相反的结论。

气候变冷与变暖对农业生产的影响机制是否会存在不同?下面结合北宋之前的温暖气候和之后的气候变冷二者与农业生产之间的关系进行一些史料的对比与分析。

(1)气候变冷可能会推迟或延长农作物的生长期,气候变暖则会使之提前或者缩短。比如,唐朝的韩鄂在《四时纂要》中的“四月条”

下谈到麦之贵贱与储藏的事情。这说明,唐代的小麦收获季节是在4月。《宋史》卷四《太宗纪一》和卷五《真宗纪一》的记载则显示,宋太宗和宋真宗几次在汴京郊区视察小麦的时间是5月份,而不是4月份。这说明,北宋与唐代相较而言,小麦收获的时间已大大推迟。另外,唐朝的《两税法》也规定,夏税不得超过每年6月,秋税不得超过每年11月,要缴纳完毕。但是,到北宋时,夏税缴纳完毕的时间,南、中、北三个不同地区分别为7月15日、7月30日和8月5日,秋税则被推迟到12月15日,后来甚至还加了一个月。

(2) 气候变冷还会促使粮食作物、经济作物减产并使其种植区域向南移动;相反,气候变暖则促使作物产量增加,种植区域向北移动。张家城在1982年的一项研究中发现,中国的气温每变化1℃,农作物的产量就变化10%左右;年降雨量每下降100毫米,单位面积的粮食产量也会下降10%。倪根金1988年的一项研究发现,宋金的寒冷期小麦的产量减少了8.3%。同时,年平均气温每下降2℃,生物的分布区域就要向南移动2—4个纬度。比如,在唐代的温暖期,北方农业区向周边扩展,水稻广泛分布,甚至连关中、伊洛河流域、黄淮平原等都大面积种植。可到了两宋的寒冷期,北方的农业区又出现南移的现象,水稻的种植范围明显缩小。

(3) 通常情况下,气候变暖有利于经济作物的种植与农民收入的增加,气候变冷则对之产生不利影响。据《元和郡县图志·关内道》与《宋史·地理志》的记载,在唐代的温暖期,桑蚕业的中心在河南、河北一带,并且当地农民的收入已经越来越依赖于这些经济作物了。唐之后,直到南宋,随着气候的变冷,桑蚕业的中心已转移到江南的太湖地区,河南、河北原先以这些经济作物为重要收入来源的地区的农民收入就受到了很大影响。唐朝时期,只有今宁夏灵武地区向朝廷进贡甘草。可到了宋朝气候变冷以后,向朝廷进贡甘草的地区已大大南移到今平凉、镇原、环县、府谷、准格尔旗一代。唐代的温暖期,史料中基本上没有任何柑橘冻害的记录。但是,到了12世纪初以后,史书中却多次记载长江中下游及其以南地区柑橘遭受毁灭性冻害。

为了进一步验证以上有关气候变化与古代农业生产变迁之间关

系的说法，我们利用苏州地区1645—1935年的大米价格、以北京为代表的北方气温、东部地区的降水以及全国人口等时间序列数据，进行了一个简单的计量经济学检验。结果发现，有关气候变化的气温和降水变量因为南北区位条件的不同而表现不同，其中以北京为代表的北方气温对南方米价的影响为正，可以理解为：当北方气温过高时，对北方小麦生产就产生负面影响。这样，作为对北方小麦替代品的南方大米的需求自然就会增加，因而南方的米价会上升。相反，当东部地区的降雨增加时，江南地区的米价会显著下降。这说明，降雨的增加能在客观上促使大米收成的增加，因而需求不变条件下的米价自然会下降。尽管由于数据的可获得性，我们还缺乏北方小麦的价格并直接进行检验，但通过间接的推理也能看出，给定朝代的农业生产不可能离开当时当地的气温、降水等气候条件而存在，并且气候变化与农业生产变迁之间的关系既有规律性，也可能存在着一定的复杂性。由此，我们就不难理解自康熙皇帝起，清朝政府和皇帝如此关心气候、农业收成、农产品价格与民情，并早于1693年就建立了粮价奏报制度的个中缘由了。

（发表于《东方早报·上海经济评论》2012年7月31日）

气温上升与经济发展有密切关系

谈起2013年夏天中国很多城市的罕见高温，无论媒体记者还是普通大众，常常用“几十年、上百年一遇的高温”来描述。中国开始变得越来越热。有一个很有意思的问题：气温变化与经济发展有关系吗？一般人大概觉得毫无关系。我们的研究表明，气温变化与经济发展之间其实并非风马牛不相及。

改革开放以来，全国气温上升

改革开放30多年来，全国各地的平均气温均出现上升。如上海，从年平均气温来看,1978 年为 16.2℃,改革开放 31 年后,上升到 17.4℃,净上升了 1.2℃。上海的年平均最高气温 1978 年为 20.3℃,2009 年上升到了 21.1℃,31 年间净上升了 0.8℃。从最低气温来看,情形也是类似的。上海的最低气温 1978 年为 12.7℃,2009 年为 14.3℃,31 年间净上升了 1.6℃。

从湖北的情况来看,也基本类似。湖北省的年平均气温 1978 年是 8.05℃,2009 年上升到了 9.3℃。从年平均最高和最低气温来看,基本上也是类似的。1978 年,全省年平均最高和平均最低气温分别为 15.25℃ 和 2.12℃。2009 年,这两个数字分别上升到 18.25℃ 和 3.52℃,分别比 31 年前上升了 3℃和 1.4℃。

对于经济相对欠发达的西藏来说,1978 年,其年平均最高气温为 10.6℃,年平均最低气温为 -3.49℃,年平均气温为 2.9℃。到了 2009 年,这三个数字分别变为 13.9℃、-5.68℃和 5.91℃,分别比 31 年前上升了 3.3℃、降低了 2.19℃和上升了 3.01℃。贵州、兰州等地的情形也基本类似。

我们的气温变化数据覆盖了 1978—2009 年全国 31 个省、市、自治区,得出的结论是:改革开放 30 多年来,全国的平均气温都在升高。

改革开放 30 多年来的全国气温上升与经济发展之间存在着非常密切的关系。研究发现,人均 GDP 每上升 1%,年平均气温就上升 0.048%。其他经济指标也可以佐证这一结论。房屋建筑总面积每增加 1%,年平均气温就上升 0.053%。年资本形成总额每增加 1%,年平均气温就上升 0.038%;出口总额每增加 1%,年平均气温就上升 0.03%;能源消费总量每增加 1%,年平均气温就上升 0.095%。

气温与中国经济发展之间的关系

当代气候变化经济学研究发现,全球变暖完全是人类过去百年中制造业快速发展给环境带来的负面影响。同样的情形也发生在中国。在过去 30 多年中,我们在发展经济的同时,忽视了经济发展对环境的负面影响。各地都拼命地进行基础设施建设以吸引投资,将更多的资源用于生产工业制造品并在全球销售,而由落后工业制造所带来的污染和温室气体排放却在很大程度上留在了中国。尽管我们还缺少全国各省市 SO_2 等污染物排放的数据，但通过人均 GDP、历年资本形成总额、出口总额、建筑企业房屋建造面积、能源消费总量等几个密切关联的指标与气温之间的关系，能清楚地推算出气温与中国经济发展之间复杂而有趣的关系。

在 2013 年 6 月份的一次国际会议上，我与一位美国教授讨论这个问题时，他马上提出了反对意见。他指出，空气是快速流动而非静止的。因此，如果更多的工厂、更多的建设、更多的污染集中在中国并引起中国气温的上升，那么快速流动的空气很快就会将此高温传递给全球其他地方。所以，他认为我的结论中的部分逻辑是正确的，但就气温和经济发展这个直接的逻辑关联而言却可能是错误的。我当时反驳说，中国的地形是西高东低、北高南低。此外，中国南北向、东西向都有很多高山阻隔。所以，中国大地上的空气流动并不像美国那样可以快速地扩散到其他地方，相反却面临着很大的地形局限。其结果就是，全国各地的温差仍然很大，即使是很近的地方也是如此。例如，进出口贸易在欧盟和中国基本上是自由流动的，但是存在着很大的价格差异。换句话说，这位美国教授的说法只是一个理想的情形。从较长的时间来看，全国的气温可能存在相互影响的情形，但从短期来看却并非如此。这位美国教授对我的反驳表示赞许，建议我在论文中详细论证并补充这一点。

从经济学视角研究气温变化

著名经济学家黄有光曾说过这样一句话：“经济学是比天体物理学更复杂的学科。它在表面上只关注供求、价格与均衡，但实质上它还关注影响价格的所有因素，比如天气、阳光和大雾。”这在某种程度上反映了气温与经济发展之间的内在关系。

其实，经济学家并不是最早思考气温与经济发展关系的。孟德斯鸠在其 1750 年的《论法的精神》一书中就曾经指出：“在北部的气候条件下，那里的人们拥有较少的恶习，更多的美德、诚心和真诚，而越往南走，人们的美德就越少，情欲就越旺盛，并且就越容易犯罪……气温是如此的炽烈，以致人们的身体被炙烤得有气无力……会导致人们毫无好奇心，更无力进行有意义的事业。”著名经济学家阿尔弗雷德·马歇尔在其 1890 年的《经济学原理》一书中也指出，在早期文明的发展阶段，气候、自然等因素发挥了很大作用。他认为：“如果气候对人的体质不利，则这些东西（种族的品质）是不能有所作为的。自然的恩赐，它的土地、河流和气候决定着种族所事的性质，从而给予社会政治制度一定的特征。”

近年来，经济学界对于气温与经济发展关系的关注越来越多。麻省理工学院的经济学家戴尔、琼斯和奥尔肯在发表于《美国宏观经济杂志》2012 年第 4 期的文章中提出，较高的气温会降低贫穷国家的经济增长，减少农业生产、工业生产产量，甚至还会导致国家政局不稳。我的两篇文章，即《公元 11 世纪后的气候变冷对宋以后经济发展的动态影响》和《气候变化是否影响了我国过去千年的农业社会稳定》指出，宋代以来中国之所以出现经济发展和政府治理的新气象，完全是由于政府对当时气候变冷及其所引发的土壤植被恶化、游牧民族南迁、汉族向南迁移、中国经济重心南迁等采取了理性举措。在中国历史上，气温的降低导致农业社会的不稳定；相反，气温的上升则有助于农业社会稳定程度的增加。这两篇文章是国内最早运用量化证据研究气候变化的经济学文献，目前已经引起了国内经济学界的极大关注，并被大量引用。

在现实生活中，我们不能不假思索地接受很多没有经过科学检验的观点或者假说。经济学者需要脚踏实地进行研究，从而推动中国社会科学的研究创新，使之早日走上世界科学前沿。

（发表于《长江商报》2013 年 8 月 25 日）

第七章

政府治理“新见解”

城市化——扩大内需的最好方式

近两年,国家及各个省市都在谈论扩大内需。很多人认为,只要采取像“家电下乡”那样的措施就可以扩大内需。还有不少人认为,扩大内需就是让农民在农村多消费,多盖房子。很多地方的做法是,不管是否有利于扩大内需,都先把铁路、公路、电话、电报、网络建设好,再加上广告。于是,一些农民就对城市里的生活方式心向往之,掏出腰包消费,接着内需就扩大了。其实,内需的扩大是个十分复杂而系统的经济和社会问题。

什么是内需?就是一国国民的消费。那么,国民的消费都包括哪些领域?俗话说,吃、穿、住、行。那么,内需就应该发展特色饮食服务业、旅游事业、房地产市场等来刺激消费。但是,这么多年了,我们发现,尽管不少部门释放出诱人的价格信号,制定出各种促进消费的政策,但是国人还是不敢消费。为什么?因为有很多悬而未决的问题阻碍他们消费。

其一,很多老百姓的养老问题解决不了。子女们现在纷纷都进城了,纯粹依靠传统的养老与保障措施解决不了真正的养老问题,而子女们在城里打拼这么多年的确不容易。这些年,房价翻了那么多倍,但是他们子女的收入却没有上升很多,甚至很多农村的家长们还在贴补着进城的子女。

其二,从教育来看,一个家庭如果有一个学生,那么与之相关的消费就非常大。虽说是九年制义务教育,但由于当前家庭较低的收入水平,家里的人凡是能上班的都去上班了,结果孩子的学习问题就凸显了出来。其实,最好的家庭教育就是自己来教育,毕竟自己的孩子自己最熟悉,并且在教育的过程中,孩子和大人可以一起成长,共同增进感情。这在欧美等国非常普遍,可在中国却根本行不通。由于生活费用的高涨,中国的绝大多数父母只能忙于赚钱,与子女的沟通较少,对子女的教育都委托给了社会,其结果是孩子和父母之间的感情淡化了,家庭对金钱的需求变得更加刚性了。

其三,关于出行交通。例如,地铁收费少则几元,多则十几元。本来这是政府提供给社会的公共服务,老百姓作为纳税人理应低价享受。但是,现在很多城市都将这些公共工程承包给各种各样的公司修建和运营,结果收费就转变为市场化,公共服务的性质被“忘记”。再如,开通动车不久,高铁就开始运营了,速度虽然差不了多少,但是价格却相去甚远。另外,在合理调节资源价格的名义下,各地的水价、电价、煤气价一个跟着一个涨,在这么快的成本支出的情况下,谁还敢贸然扩大自己的内需?

在分析内需不振的过程中,国人逐渐发现了所谓的养老和社会保障不足的原因,教育支出、看病支出过高的原因,城市化落后的原因,产业结构转型不力的原因等,于是与之相关的社会保障体制、教育体制、医疗体制改革纷纷开始。可是,想想看,如果不能首先在城市化的政策上有所突破,所谓的社会保障体制、教育体制、医疗体制改革都很难有实质性的推进。原因是,当前中国城市人口的社会保障、教育、医疗等基本上都已经解决了,唯独没有解决的恐怕就是那些即将城市化的人口。如果不进行城市化,仅依赖目前在农村推行的各种医疗和社会保障体制,是远远不能满足这些人的需求的。原因是,这些人中的不少人实实在在地生活在城市,农村提供的所谓社会保障、医疗服务等根本就享受不了。退一步讲,由于农村人口在地理上、空间上的非密集性质,国家在农村所进行的教育投资、医疗和社会保障必然“远水难解近渴”,并且这样做的成本很大,受益面很小,具有很大的不经济性。

从反面举一个例子,现在上海的各类工程大多依赖来自全国各地的农民工来建设，这些农民工长期生活在上海，工作在上海，但他们的消费却不在上海，住房、子女教育、医疗保健等都不在上海。其实，上海现在面临的压力很大，一是由于生活、出行、交通、制造、交易等各方面成本不断上升，企业纷纷外迁；二是上海的人口呈负增长，人口老龄化的趋势很严重。如果不进行城市化和户籍制度改革，未来 10 年内，上海的医疗保障基金源、社会保障基金源乃至经济增速必然持续回落。同时，上海构建人才高地、研发基地、金融服务与贸易中心，不可能在短期内取得成效。因此，在未来若干年内，上海的经济发展必然进入低速轨道，这对于整个城市的可持续发展非常不利。

如果国家能首先推动城市化进程，就会形成一种扩大内需的可持续机制：

首先，允许农民进城，是尊重人们自主选择居住地、自主选择职业的宪法精神，也是推动社会主义市场经济建设的必由之路。尽管我们知道，在中国的很多城市，这些农民并不具有生产力方面的比较优势，但也应尊重他们的个人权利，否则有违宪法的精神。从经济学的角度看，允许人们自主选择居住地和职业，他们就能比较各个城市的有效生活质量和优势，从而能够更好地匹配自己的才能与城市的优势，这当然有利于中国各个层次城市的经济发展。此外，人口的流动还有利于知识、技术的交流，有利于全国各地文化、习俗、制度的大融通，从而为大市场、大贸易和内生性经济发展创造更好的条件。

其次，允许农民进城，可以很好地拉动中国的内需，在长期内推动中国的经济增长。农民进城先要解决住宿问题，这会推动城市住房租借市场或者房地产投资的发展。然后，这些人的衣、食、住、行都必须在城市内解决，他们的子女教育、医疗保险等也应在现有的城市保障体系内公平解决。举一个例子，中国目前拥有农民工约 1.2 亿，加上与其相关的家属共计约 3 亿人，也就是 8000 万到 1 亿个家庭，假定国家允许这些家庭每年以 5% 的比例进入城市，那么全国城市化的家庭将为 400—500 万，人口约 1500 万。假设其中 5% 的家庭能够买房，购买 50 平方米的二居室，均价 3000 元每平方米，其余的家庭必须通过租房（月租金 500 元计）实现居住，那么每年对房地产市场的贡献将有

300—400 亿元，对房屋租赁市场的贡献为 250 亿元。与房屋装修等相关的费用约 200 亿元，生活消费等约 300—400 亿元。此外，由于这些人在城市生活，还会带动相关的教育培训以及饮食、服务产业发展。还有，这些人往来于工作地与家庭之间的交通费用至少 200 亿元等。这样，仅仅由于城市化，每年对中国经济的贡献就将达到约 1500 亿元。假如城市化程度稍快一些，每年对中国经济的贡献将至少达到 2000—2500 亿元左右。如果考虑到城市化进程中消费的多半是房屋、汽车、冰箱、电视等耐用消费品的话，每年与城市化相关的直接和间接贡献将达到 3000—5000 亿元。按照这样的推算，中国 1 亿个家庭将至少能保证中国经济连续增长 20—25 年，这还只是个静态的估算，如果算上人口本身的增值，那么这一贡献将更大。

最后，从城市化这种内需增长机制来看，它不依赖波动连连的出口市场，也不看发达国家和很多发展中国家的脸色。也就是说，只要存在稳定的国内环境、稳定的城市化比率，人口从农村向城市的转型就会持续发生。同时，这一机制是一种可持续的内生机制，由于人口的转型，居住、交通、生活、教育、培训、医疗、社交和商业等方面都会发生相应的变化。有人常常以拉美的城市化陷阱为由，认为中国的城市化应该放缓，应该走小城镇发展战略。其实，从经济内生增长的角度看，小城市的集聚功能低，成本节约少，人均基础设施投资通常会更大，治理污染之规模不经济，学习效应也不明显，反倒是最大的浪费。看看中国中西部不少地区摊大饼式的城镇化发展，其实是很不经济的。从国内的经济形势看，目前最容易推进城市化的是那些地级城市和省会城市，原因有二：一是那里有相当的行政资源，因而经济资源也会配置在这些地方；二是那里有一定的人口数量和产业支持，无论从基础设施、公共服务还是从投资、管理的角度来看，都具有一定的规模经济性，应该说这是中国城市化的重点所在。

最近，四川省成都市推出了户籍制度改革的具体举措，规定凡是在成都生活一定时间的本地人都有机会获得成都户籍。一些外地人，只要能出具一定时期内的完税证明，也有机会获得成都的户口。应该说，这是中国城市化进程中的一个喜人现象。想象一下，如果全国的直辖市、省会城市以及大的地级城市能够在同一时间放开户籍制度，欢迎符合一定条件的人口来落户，想必绝不会出现农村人口盲目向城市迁移的所谓“盲流”。如果允许农民进城，在各大城市选择的话，他们试错、试验的结果，就是能找到最适合自己生存的地方。“盲流”是个误导人的说法，农民工虽然受教育程度低，但改革开放三十多年的实践证明，他们从来没有“盲”过，也从来不乱流，而是有序地追求自身生活利益的最大化。

在这样的试错、试验之后，难道我们不应该举双手欢迎城市化这个扩大内需的最好方式吗？

（发表于《西部论丛》2010 年第 9 期）

破解中国城镇化难题的方向与路径

中国的城镇化是个老问题，也是个老大难问题。老百姓有句俗话，老大难问题说难也不难，只要中央关注了，这个问题就不难解决了。

比如，中共十八大报告一共 12 个部分。在第一部分——“过去五年的工作和十年的基本总结”中，中央用了“城镇化水平明显提高，城乡区域发展协调性增强”这样的说法。在接下来的问题和不足部分，十八大报告这样清晰地写道：“（我国）城乡区域发展差距和居民收入分配差距依然较大……对这些困难和问题，我们必须高度重视，进一步认真加以解决。”在第四部分——“加快完善社会主义市场经济体制和加快转变经济发展方式”中，中央不仅提到了城镇化的重要性，而且还从战略层面强调了解决城镇化问题的基本方向和路径：“必须以改善需求结构、优化产业结构、促进区域协调发展、推进城镇化为重点，着力解决制约经济持续健康发展的重大结构性问题。”

中共十八届三中全会中《关于全面深化改革若干重大问题的决定》（以下简称《决定》）不仅重复了以前的说法，而且还非常明确地提到要破解城乡二元结构这一系列障碍和制度措施，即“城乡二元结构是制约城乡发展一体化的主要障碍。必须健全体制机制，形成以工促农、以城带乡、工农互惠、城乡一体的新型工业城乡关系……推进城乡要素平等交换和公共资源均衡配置……完善城镇化健康发展体制”。

除此之外，《决定》第23条详细讨论了“完善城镇化健康发展体制与机制”问题。该条明确提出了以人为核心的城镇化，推进农业转移人口的市民化，逐步把符合条件的农业转移人口转为城镇居民作为今后城镇化的重点。同时，要加快户籍制度改革，全面放开建制镇和小城市落户限制，有序放开中等城市落户限制，合理确定大城市落户条件，严格控制大城市人口规模，推动大、中、小城市和小城镇协调发展。另外，还要推动产业和城镇融合发展，促进城镇化和新农村建设协调推进，稳步推进城镇基本公共服务常住人口全覆盖，把进城落户农民完全纳入城镇住房和社会保障体系，建立财政转移支付同农业转移人口市民化挂钩机制等。

我认为，中央新近有关城镇化的表述，如果从经济学理论来思考，会给有关城镇化难题破解的方向与路径如下一些启示：

(1) 从中央的文件以及新经济地理学的理论和模型两个角度看，最后城市住多少人，农村住多少人，完全是人们“用脚投票”的结果，是一个所谓的通过市场选择而产生的一般均衡过程，这个过程的完成可能需要较长的时间。但是，这并不是说在这个过程中政府就不能发挥任何作用，相反，政府的作用就是顺应这个市场的客观规律，弄清楚城乡一般均衡过程的前提条件，并根据市场规律有效地创设这些条件，促使中国经济体早日走向这个一般均衡过程。这个前提条件是什么？我认为，从软件和硬件条件来看，一是贯穿城乡的公路和基础设施等硬件是畅通的，二是人们进城出城的“软件”——制度通道是畅通的。

(2) 单单就影响城乡一般均衡过程的硬件条件而言，要走向一般均衡过程，就必须使城市和乡村之间的交通、基础设施等实现贯通。这个贯通不是传统意义上的马车时代的道路贯通，而是现代意义上的不受天气影响，能够适合大规模、快捷交通的基础设施。通过过去三十多年的经济建设和发展，这一点目前已经基本实现了。现在全国各省会城市都有贯通全省各个乡镇的直通公路或者铁路,尽管其运营成本由于各种名堂的过路费的征收而大大提升了,但城乡贯通这一硬件基本上算是具备了。不要小看了这一条件对中国城镇化、工业化的贡献,若没有这些硬件,很难想象过去二三十年中国出口导向型发展模式在东南沿海地区以及各个省会城市的飞速发展。有关这一重要性,其实只要看看各个省会城市以及沿海城市的人口规模就知道了。尽管这些农民工、流动人口没有获得真正的城市户籍,但这似乎并不妨碍他们在城市居住,成为中国城市偏向的工业化发展的重要推动力。

(3) 人们进城、出城的制度通道要保持畅通与便捷。有目共睹,目前阻碍中国城乡一体化或者说中国城镇化进程的重要制度因素就是土地制度和户籍制度。中央已经强调要创造条件、逐步解决这些问题的基本观点。在中共十八届三中全会上,有两句话值得注意:一是建立城乡统一的建设用地市场,二是健全城乡发展一体化体制机制。什么叫作“城乡统一的建设用地市场”?我认为,如果按照中共十八届三中全会的说法,可能意味着,在规划和用途管制下,中央将着力推进农村土地改革,农村集体土地将与国有土地一样公平地进入非农用地市场交易;同时,政府征地的范围也将缩小,更多地通过土地市场来完成。这两年,重庆的城乡统筹制度试点做得比较成功,农村的宅基地已经入市交易,农民或者是拿到了初始的进城原始资本,或者是可以直接享受农村土地经营的一定红利,达到了较好的效果。今后,相关的土地制度改革可能会进一步推进。如果土地制度得到改革,农民进城的限制因素会进一步降低。同时,如果农村生产和生活条件得到改善,一部分农民可能不一定愿意进城。这样,中国的城镇化可能就会走上内生、均衡发展的康庄大道。

户籍制度是个老问题,也是城乡二元结构的“结晶”。我认为,随着土地制度的改革,特别是财税体制的改革,户籍制度的吸引力将会进一步下降。从近年来全国各地的实践来看,北京、上海、广东等地已经积极创设条件,逐步解决农民工子女的受教育、农民工的社会保障或者部分医保问题。上海已经试点居住证转户籍制的改革。今后,随着这些改革的进一步深入,农民工就业、子女受教育歧视、户籍制度、城乡二元体制对人口迁移决策的影响将会进一步弱化。因此,阻碍城乡一体化的制度和政策的作用将会进一步降低。

(4) 除了以上解决途径之外,新农村建设也应该是一个可供选择的路径,它在某种程度上体现了"以人为本"的基本改革原则。人是有偏好区别的,不一定城市条件好,所有的人都会选择进城;不一定农村条件差,所有的人都会离开农村。世界城市化的历史已经证明,即使是世界上最发达的城市化地区,仍然有很多人愿意继续居住在农村;即使是世界上最落后的农村,也仍然有人愿意居住。因此,如果从新农村建设与城镇化的关系来看这个问题的话,我认为今后中国新农村建设的重点,绝不是让农民不要进城,相反,主要是为那些仍然愿意在农村生活的人兜好底,为他们提供基本生活和生产的基础设施和公共服务,使得他们即使住在农村,生活也比较体面、比较舒适。我们从2006年以来中国新农村建设的各方面实践也能看出这一点。一方面,中央强调城乡公共服务的均等化;另一方面,政府也为农民提供基本生产和生活的公共服务和基础设施,其目的就是弱化城乡之间的巨大差距,让农民更好地"用脚投票"。

(5) 从国家层面看,《决定》还指出国家从宏观层面应如何对大、中、小城市的人口规模进行适度调控与管理。比如,对建制镇和小城市的落户限制将全面放开;对中等城市的落户限制使用了"有序放开"的字眼,意味着中等城市的落户限制要求相对较高;对大城市的落户条件并没有实行"一刀切",而是强调要合理确定落户的条件,即给予地方更大的自主权,也就是各地要按照实际条件和产业状况等进行确定;对于特大城市的落户与发展,国家要求进行严格的规模控制。这是与中国这个人口大国的国情相适应的。中国未来将有5—7亿的人口面临着城镇化问题,如果不出台这样的指导性意见,特大城市的人口规模很可能会突破3000—5000万,这会给所在城市的治安、社会、文化、生活管理等带来前所未有的压力和挑战;与此同时,大城市也会拥有相对于中小城市的更好和更多的优势,这也非常不利于中国城市体系的发展。从城市经济学理论角度来看,越是大的城市,其进入门槛往往越高;相反,越是小的城市,其进入门槛就越低。这本身就是经济规律的表现,因而国家在宏观层面的管理和调控会导致不同层次的人才、技术、工厂分别进入不同的城市,城市体系之间分工合作的格局就容易形成。

(6) 从政府与市场的关系来看,我认为,新近的中央文件已经在很大程度上改变了传统上较少考虑城镇化进程中的农民主体意识,较少考虑城市、农村双边经济利益,较多考虑政府的积极性和能动性,较少考虑农民以及市场力量的积极性和能动性的传统城镇化思路,而迈入了以人为核心的中国城镇化发展思路的新时期。同时,新的城镇化发展思路也在很大程度上厘清了政府在新型城镇化进程中抓基础、畅渠道、松制度、兜好底的基本职能及其与市场力量的明确界限问题。比如,农民进了城没有房子怎么办?万一没有工作怎么办?生活贫困怎么办?《决定》明确提出,要把进城落户农民完全纳入城镇住房和社会保障体系,原先在农村参加的养老保险和医疗保险,可以规范接入城镇社保体系。不仅如此,《决定》还从宏观层面指出,要建立财政转移支付同农业转移人口市民化挂钩机制。这表明,若一个地方的农业转移人口比其他地方多,那么国家就在这个地方进行更多的财政转移支付。很显然,这就在很大程度上消除了地方政府口头上赞许城镇化,实际却不作为的典型的地方保护主义行为。

(发表于《社会科学》2014 年第 3 期)

自贸区视角下的产业竞争与合作

目前,上海乃至长三角地区的各级政府都在热谈如何对接上海自贸区的问题。这是一个非常重要也很有意义的问题,它不仅关乎今后五到十年上海和周边城市的经济发展,而且还关乎深化改革“先手棋”的功效及其在全国层面的意义。目前最为关键的是,各级领导干部、管理者要真正想清楚这个问题,不仅从理论上,而且还要在实践中想清楚。所谓在理论上想清楚,意味着要清楚自贸区政策的作用机制及其宏观影响。所谓在实践中想清楚,意味着要知道具体的微观政策的可能效果。只有将二者紧密地结合起来,前因后果全部弄清楚,才可能下好自贸区视角下的长三角产业竞争与合作这盘棋。

第一,上海是长三角的首位城市,因此上海自贸区的建设肯定将大大强化长三角相对于珠三角和渤海湾地区的经济竞争力。设想一下,如果没有上海自贸区,中国三个主要的三角地带的经济竞争力应该会旗鼓相当、难分伯仲。上海有区位优势和经济优势,广东也有区位优势和靠近香港的经济优势,渤海湾地区则有区位优势和政治优势。但是,自贸区在上海的落户,在一定程度上改变了三个三角洲地区的相对竞争力,给长三角地区的进一步改革与开放带来了一种制度优势。

第二,从全国经济一盘大棋的角度看,上海自贸区将大大强化中国东、中、西地区的经济融合和一体化进程。改革开放以来,中国经济发展的成绩有目共睹,但目前最大的问题是东、中、西部地区差异和贫富差距太大,非常不利于中国经济下一步发展。新疆问题最近突显出来,恐怕不能说跟已经非常悬殊的东、中、西部地区差异和贫富差距完全无关。另外,习近平总书记在访问哈萨克斯坦纳扎巴耶夫大学时提出的"丝绸之路经济带"的概念,背后也有一个重要的关切,那就是如何尽快缩小东、中、西部之间已经非常悬殊的地区差异和贫富差距问题。从这一角度看,我们就能清楚中央之所以选择上海自贸区进行试验的全国意义。上海地处长江经济带的龙头,上海自贸区的影响力沿着一条长江可以横贯东西,当然可以充分利用国内、国外的优势,更好地融通东、中、西部市场,提高产品、要素市场的配置效率,从总体上推动市场一体化进程,并促进东、中、西部地区产业分工与合作局面的尽早形成。

第三,对长三角内部的16个城市而言,我认为,目前它们之间进行经济合作的成分应该大于相互竞争的成分。原因是,1994年以来,各省与中央财政分权制度的实行,使得它们之间相互竞争的成分比较大。A城市要发展某个产业,B、C、D城市马上不甘落后,纷纷要上马类似的项目。但是,上海自贸区设立以后,它们之间进行经济合作的成分将变得更大。因为长三角地区的自贸区只可能有一个而不是多个，长三角首位城市只可能是一个而不是两个或者三个，这样就会使得长三角地区之间更多的经济合作变成今后各个长三角城市的占优策略。

第四，从经济学模型角度，也可以推测出这样的结论，即在自贸区这个政策冲击下，长三角各个城市的优势和劣势将进一步拉大或者出现两极分化的情形，产业发展也会向更具有优势的地方集聚。

我有两个证据支持上述推断：

一是从理论看，经济地理学的模型(NGE)早就预言，在经济发展的初期，随着交通成本、运输成本的降低，地区之间的经济差距将拉大，而不是缩小，原因是经济集聚将会发生在更具有比较优势的地方。改革开放三十多年的经验证明，这样的情形已经出现。东、中、西部地区差异和贫富差距没有随着改革开放而缩小，相反变得越来越大。

二是从实践看，高速公路、高铁的开通就是证明。随着高速公路和高铁的开通，原先各个城市之间相互均衡的发展态势很快被打破，经济和企业将更加容易集聚在具有产业、市场或者资源优势的地方。我认为，长三角目前正处于这一阶段，也就是经济集聚在更具有优势的地方，且地区差距仍会进一步拉大。但是，未来十年，这一过程将出现逆转，并将逐步向第二阶段过渡，即向着地区差距逐步缩小的方向发展。

第五，在这个背景下，上海自贸区视角下长三角各城市的产业发展对策是什么？我认为，应该是主动对接上海自贸区的现有产业或者未来集中发展的产业，为上海自贸区做好发展的配角。换句话说，做好上海需要它做的、它能够做的、它有优势做的一些产业。对于那些与自贸区对接不上的地方，其最优的选择是为周边的大城市做好配角。在我看来，“配角”这个角色非常重要，因为它意味着分工和专业化。有一句话值得借鉴：“做好别人离不开的配角，你就是主角。”

第六，两个现实的案例可供我们深入思考这些问题：

一是目前江苏的发展战略跟十年前完全不同。过去苏南和苏北相互竞争，苏北的连云港具有很好的地理区位，但由于靠近山东而被忽视,所以苏北的发展就受到限制。结果,苏南由于分享了与上海分工的好处而得到了发展。今后,江苏的发展战略将变成所谓的“双轮驱动”,即苏北重点发展连云港,对接丝绸之路经济带,而苏南则直接对接上海自贸区。

二是关于浙江产业发展。过去,浙江和上海一直是竞争关系,但最近几年浙江也采取了所谓的“双轮驱动”模式,先是在舟山群岛打造舟山群岛新区,该新区又是海洋改革综合开发的试验区;紧接着,提出“自贸区”的概念;与此同时,又重点扶持杭州、宁波的民营经济,促进民营经济的迅速发展。从浙江港与上海港的关系来看,也发生了本质性的变化。两个港口过去是单独发展、相互竞争,现在却相互持股,所以更加体现出共同增长、共同发展的包容发展思路。

综上,我认为,上海自贸区视角下的长三角产业的竞争与合作,应该是一盘好棋。中央可能并不会给出具体的发展举措,或者说地方政府推动经济发展的自由裁量权很大,只要地方政府对当地的比较优势有很好的判断和认识,就能很好地推动当地的经济发展。另外一点也很重要,竞争与合作是市场经济的一对“孪生兄弟”,二者在一定条件下是可以相互转化的。只有将经济学理论和当地的经济发展实践很好地结合起来,才能更好地服务于地方经济发展,才能在全国一盘棋下下出长三角一盘好棋。

(发表于《智富》2014 年 10 月)

政府治理能力现代化是自贸区制度创新的核心

党的十八届三中全会明确指出:“科学的宏观调控,有效的政府治理,是发挥社会主义市场经济体制优势的内在要求。必须切实转变政府职能,深化行政体制改革,创新行政管理方式,增强政府公信力和执行力,建设法治政府和服务型政府。”我认为,上海自贸区有关政府职能转变的现有举措——备案制、负面清单、监管重点和内容的变化等,都只是中国政府职能转型过程中的一个环节或者一个步骤，今后必然还有很多相关的步骤或改革的环节，其最终目的就是要在上海自贸区建设的基础上，形成一套可复制、可推广的法治、服务型政府的治理体系框架和治理能力。

加快政府职能转变是重头戏

在上海市委、市政府公布的《中国(上海)自由贸易试验区总体方案》涉及的六项改革任务中，加快政府职能转变被放在了第一位。这是为什么?

在现有的政府监管和治理框架下，哪些领域开放、哪些领域不开放、什么部门创新等几乎都要通过政府审批。如果政府行政审批体制不变，投融资体制不变，金融领域的创新就不可能，人民币汇率市场化和资本项目的可兑换也都会成为一句空话。同样，在现有的财税和政府监管框架下，企业进行贸易转型升级的成本会大大高于收益，政府不改变财税体制，企业会自动升级吗?恐怕很难。

回顾过去三十多年的发展，我们得出的一个结论是：正是改革开放所带来的制度优势，才塑造了中国经济的奇迹。但是，过去的改革边际制度红利已经变小甚至为负。由于受到政府投资审批、产业指导目录以及很多行业的行政垄断、财税体制、信贷融资体制的差别待遇等，企业的经营范围、创新的激励与行为受到了很大限制。如果政府职能不转变，整个自贸区所承载的改革意义就会大打折扣。因此，自贸区制度创新的核心是促进政府行政管理体制、政府治理能力的现代化。

自贸区政府治理能力提升的举措

首要的是变核准制为备案制管理模式。根据《中国(上海)自由贸易试验区总体方案》的规定，在上海自贸区内，外资企业投资和经营活动只要不违反负面清单，就无须再经过烦琐的行政审批或者项目核准，而只要将企业的投资和经营活动性质、范围、工商税务信息等以书面形式告知当地政府即可。所谓负面清单管理模式，主要是指政府明确列明禁止或者限制投资的产业或者产品目录,而不是允许投资的产业或者产品目录。从正面清单向负面清单管理模式的转变,将意味着政府监管模式的巨大转变。

大部分企业或者个人的创新性活动往往是非常规的,发生于政府难以预料的产业或者产品领域。因此,在负面清单下,企业或者个人的创新性活动会表现得更加活跃。在正面清单下,政府的管理活动具有行政性、随意性、难以预期性的色彩;相反,在负面清单下,政府的管理活动将具有法治性、稳定性、可预期性的特点,有利于跨国,或者在多国之间签订投资贸易协定。另外,从核准制下的事前监管、文本监管转向备案制下的过程监管、电子监管,也能大大提高监管的效率。

目前,自贸区服务大厅已经实行工商"一口受理、并联办事、统一发证、信息共享"的高效运作模式。以外资新设备案为例,投资者在四个工作日内就可同步办妥备案证明、营业执照、企业代码和税务登记,并且整个办理过程不再像原先的多口受理,让注册者在大厅里来回跑,而是一次性收齐所有材料,由政府工作人员在部门之间办理相关的手续。这样,注册者只需找一个政府部门、一个工作人员就可以办齐所有手续。传统的工商企业注册动辄两三个礼拜的等待已成为历史。

再如,上海市政府在"上海市网上行政审批平台"上建立了"自贸区子平台",目的就是扩大宣传政府公共服务信息。这一平台的功能还需要时间来检验。

从自贸区政府治理能力提升的路径来看,我认为,应该在效率、质量以及二者混合三个维度上拓展,而不是陷入传统的管理学中所谓的效率和质量陷阱中。体现第一个维度的管理举措可能有电子化监管、网络化办理、纸面程序简化等;体现第二个维度的管理举措有服务内容的全覆盖或者深化、服务层次的提升、服务频率的增长、服务满意度的提升;体现第三个维度的管理举措则必须是创新性、突破性的。

政府治理能力转变的理念和方向

从政府治理模式看,自贸区有关政府职能转变举措的最终目的,形成一套可复制、可推广的法治、服务型政府的治理体系框架和治理能力。回顾人类历史，曾出现过统治型、管理型和服务型政府三种治理模式。其中，统治型是以政府为单一主体的政府管理模式，管理型是以政府和市场为二元主体的政府管理模式。

在自贸区将要实施的政府治理模式，将是以政府、市场、社会为主的多元主体的服务型政府治理模式。政府的角色不再是单向地针对市场和社会的管理与管制，而是根据市场主体、社会的意愿以及整个国家的公共利益、公共安全，形成与市场、社会之间的良性互动。这种调整意味着，在相关行政制度、管理制度设计和出台的过程中，政府要更广泛地听取市场、社会、公众的诉求与意见，特别是要在操作维度上为社会自主发展制定各种有利的政策导向，包括从职能向工作流程再造转变，从内部操作向公开运行转变，从单一治理向共同治理转变。

从政府治理方式看，政府职能转变要注重依法行政、规范行政、高效行政的能力和体系建设。上海自贸区更需要注意这一点，毕竟国内外的企业、组织、经济活动处于同一竞争平台，区内的经济单位会很快与国外、区内各种市场主体之间签订合同或者完成交易。因此，自贸区的政府职能转变必须法治化、国际化、规范化，做到在事前进行信息告知，在事中、事后依法进行监管甚至处罚，而绝不能按照传统的政府管理方式越界干预或者黑箱操作。

从政府治理能力建设看，自贸区的政府治理将逐步探索和细化地方政府治理的内涵，并清楚地界定与中央政府治理事权之间的关系。从自贸区这一地方政府角度看，自贸区内的政府职能转变主要体现在简政放权，凡是市场机制能有效调节的经济活动，一律取消审批，同时加强区内的公共服务、市场监管、社会管理和环境保护职责。中央政府将主要负责宏观调控、全国性公共安全和公共服务等。

另外，在自贸区，政府机构改革也必须深化，要不断优化机构设置、职能配置、工作流程，完善决策权、执行权、监督权既相互制约又相互协调的行政运行机制建设。比如，2013 年 12 月 31 日，上海市浦东新区工商行政管理局、食品药品监督局以及质量技术监督局宣布撤销，整合并组建了新的浦东新区市场监督管理局，其职责将覆盖生产、流通、消费全过程的市场监管体系。这些都是未来自贸区政府治理能力细化、职能转变的重要内容。

（发表于《中国金融家》2014 年第 5 期）

经济治理体系和治理能力现代化的科学内涵与实现路径

党的十八届三中全会明确提出："全面深化改革的总目标是完善和发展中国特色社会主义制度，推进国家治理体系和治理能力现代化。"在论述全面深化改革的重点时，强调指出："坚持发展仍是解决我国所有问题的关键这个重大战略判断，以经济建设为中心，发挥经济体制改革牵引作用"。以上重大论述隐含着这样一个重大的命题：如何推动中国经济治理体系和治理能力现代化？这里，从中国经济治理体系和治理能力现代化的科学内涵和实现路径角度探讨这一重大命题。

经济治理体系和治理能力现代化的科学内涵

"治理"一词最早源于希腊语"操纵""驾驶""引导"。柏拉图首次以隐喻的形式使用了该词，后被翻译成多种语言广泛使用。现代意义上的"治理"一词主要是指政府、市场或者网络针对公民、领土、企业、家庭、种族，使用法律、惯例、权力或者语言等形式所进行的管理的过程、方法或者途径的总称。党的十八届三中全会提出的国家治理体系和治理能力的现代化意味着，我们所说的经济治理是国家或者政府针对经济活动所采取的一系列政策、法律、制度、管理理念的总称，其核心是处理好政府和市场的关系，既使市场在资源配置中起决定性作用，也要更好地发挥政府的作用。从"管理"到"治理"概念的突破，体现了我们对经济规律认识的深化，也体现了我们全面深化改革的决心和勇气。

从经济治理的主体来看,中国建立的经济治理模式将是服务型的政府治理模式,因而将不可避免地涉及政府、市场和社会三个主体,而不再是传统上所认为的政府作为单一主体的治理模式,或者是政府与社会的二元主体治理模式。截至目前的人类历史中,一共出现过统治型、管理型和服务型三种政府治理模式。在统治型的政府治理模式中,政府是单一的治理主体;在管理型的政府治理模式中,政府和社会构成治理的二元主体;只有在服务型的政府治理模式下,才是以政府、市场和社会为主的三元治理主体。

不仅如此,在管理方式或者理念上,这种三元主体的治理方式也意味着一场革命。因为政府的角色将不再是单向性的、针对市场和社会的管理或者统治,相反在某种程度上转变为根据市场主体、社会意愿以及整个国家的公共利益、公共安全,形成与市场、社会之间的良性互动。这就意味着,在经济政策、管理制度设计、制定和出台的过程中,政府不能再像过去那样单维度地进行硬性确定;相反,要更加广泛地听取市场、社会、公众的诉求与意愿,不仅要在政策操作中寻求新的操作形式,呈现新的方式,而且还要在制度设计的过程中,营造有利于社会,有利于市场自主发展,公众公平、积极参与,政府、社会和市场良性互动的法律框架。

从经济治理的基本内容看,今后的经济治理必须涵盖以下几个方面的主要内容:一是基本的经济制度,包含产权保护制度的基本内容、公有制经济与非公有制经济的关系、现代企业制度是否与国际接轨等方面;二是现代市场体系,主要包含建设统一开放、竞争有序的市场体系,使市场在资源配置中起决定性作用,还包括产品市场、要素市场、金融市场、土地市场、人才市场等方面的内容;三是宏观调控体系,包括如何保持经济总量的平衡,如何促进重大经济结构协调发展和生产力布局的优化,如何减缓经济的周期性波动,如何防范区域性、系统性的风险,如何实现经济持续健康地发展,如何保证民生经济问题的妥善解决;四是财税体系,包括财政预算体系如何建设,税收体系如何建设,以及中央与地方事权与财权如何相互对应,更加高效地发挥作用;

五是城乡发展一体化体系，包括城乡、区域、工业与农业之间如何互动，利益如何在它们之间互惠分享；六是开放经济体系，包括外资、内资投资准入，公平的国民待遇，自由贸易区建设，以及内陆如何实现开放并获取改革开放的收益等。

更加重要的是，上述六个方面经济治理的基本内容，并不是相互割裂的，而是相互联系，紧密结合在一起的，共同构成了中国经济治理体系。其中，基本的经济制度是经济基础，现代市场体系是运行机制，宏观调控和财税体系是政府对市场运行失灵的适度干预与调控，城乡发展一体化体系是保证基本经济制度、市场体系等在地区、城乡、农民与市民之间的基本平衡，开放经济体系则表明当代中国经济治理体系鲜明的时代特色。

经济治理体系和治理能力现代化的实现路径

现代经济学普遍认为，良好的政府治理能够推动一国经济的长期增长和人民福祉的持续进步，相反，恶劣的政府治理则会给经济和人民福祉带来灾难。我国过去三十多年改革开放的实践已经充分证明，良好的经济治理体系和治理能力有其科学内涵，经济治理体系和治理能力现代化通常存在着一些可以借鉴的基本路径。

(1) 完善的经济治理体系是治理能力现代化的可靠保障。如果没有完善的经济治理体系，就很难有经济治理能力的提升与现代化。所谓完善的经济治理体系，不仅意味着整个经济治理的法规、制度和政策是完善的，而且意味着参与治理的主体、相应的组织和机构是全面的和完善的，同时还意味着政府经济治理的主要内容也是全面和完善的，不仅要包括基本经济制度层面的内容，而且要包括现代市场体系、宏观调控、财税体制等内容。这样，在此基础上所推出的治理举措、制度才可能具有更加广泛的代表性，才能更好地协调各方的利益，才能有效地达到经济治理能力现代化的基本目标。

(2) 高效便捷、公平公正是经济治理能力现代化的重要原则。如果没有高效便捷的治理方式，就很难适应社会、大众对快速增长的公共服务的需求；如果没有公平公正的基本原则，也不可能完成经济治理能力现代化的基本任务。高效便捷的治理方式包括公共服务流程在原先基础上的不断优化、公共服务效率的提升、公共服务提供方式的升级换代以及公共服务信息的便捷获得等诸多维度。比如，上海自贸区工商部门目前所推行的"一口受理、并联办事、统一发证、信息共享"服务模式就是对原有的工商企业注册登记制度的一种改革和升级。在新的服务模式下，企业无须在多个部门之间穿梭，只需要到一个部门提供所有申办的材料；也无须到多个单位重复性地缴费，只需要一次性缴纳所有的费用。政府通过后台的多部门协调，简化了企业注册手续，从而大大提高了办事效率。公平公正则意味着政府的经济治理要着眼于各种所有制、各种经济主体在经济机会面前的基本平等。

(3) 从今后政府经济治理能力提升的实现路径来看，我认为，应该在效率、质量以及二者混合三个维度上拓展，而不是陷入传统管理学中所谓的效率和质量的陷阱中。这一陷阱意味着，当管理者追求效率提升时，往往很难提升服务的质量，或者相反，当管理者追求质量提升时，服务效率通常会有所降低。这就意味着，我们将来在政府经济治理能力现代化的实现路径方面，必须在三个维度上开展研究，形成可复制、可推广的经验。第一，在保持服务质量稳定的条件下，提升服务效率；第二，在保持服务效率稳定的条件下，提高服务质量；第三，在借鉴前两者或国外经验的基础上，不仅提升服务质量，而且也提高服务效率。体现第一个维度的管理举措可能有：电子化监管、网络化办理、纸面程序简化等；体现第二个维度的管理举措有服务内容的全覆盖或者深化、服务层次的提升、服务频率的增长、服务满意度的提升；体现第三个维度的管理举措则必须是创新性、突破性的。

良性政府治理怎样发挥作用?[①]

中国经济过去三十多年的快速发展及其所取得的成就,无论用什么样的语言来形容,都毫不为过。因为这些成绩有目共睹,同时也为中国赢得了世界的尊重。目前,中国的经济规模已经跃居世界第二,已成为名副其实的“世界工厂”,“世界五百强”中的大多数都在中国开展各种形式的合作、合资或者独资。本文试图探讨以下几个重大的理论问题:如何恰当地解释中国过去三十多年的经济成就?这种经济成就背后存在着什么样的历史、文化和环境根源?未来二三十年的中国经济能否持续高速增长?我们还面临哪些亟待解决的重大问题?

如何恰当地解释中国过去三十多年的经济成就?

其实,对于改革开放以来三十多年的中国经济这个大问题,要说清楚它的来龙去脉还真不容易。在目前国内外有关过去三十多年中国经济之所以成功的理论和解释中,不外乎“FDI 或对外开放说”“乡镇企业说”“制度和产权说”“合约和激励说”“财政分权说”等。作为中国经济问题的一名研究者,我看了很多古今中外文献,总感觉似乎大家都只说出了问题的一方面,而远没有说出全部。

就拿“FDI 或对外开放说”来说,对外开放的确很重要,它对于中国从封闭经济走向开放,让中国经济融入全球,让中国企业、中国人放眼望世界,的确发挥了很重要的作用。但是,中国经济之所以取得这

---

① 本文的大致内容来自我的以下讲座:2012 年 10 月 24 日在斯洛文尼亚卢布尔雅那大学经济学院、孔子学院针对本科生的“中国经济:从封闭到开放”的讲座,10 月 25 日针对博士生和教师的“气候变化与社会稳定:来自中国经济史的经验证据”的学术讲座;10 月 26 日针对斯洛文尼亚教育财团、意大利 University of Trieste 以及 Trieste 市的企业和公众的“中国经济、文化与环境:良性政府治理如何发挥作用?”的公开讲座;11 月 2 日在中国驻斯洛文尼亚大使馆所做的“中国经济的过去、现在与未来:良性政府治理如何发挥作用?”的讲座。值得注意的是,在国外讲解的内容与本文存在一定差异。有关讲座内容,并不代表承办单位的意见,而纯粹是我理论探讨的初步结论。

么大的成绩，也绝非对外开放一个因素就能完全解释的，在这种成绩的背后一定有很多、很重要的故事。比如，中国政府对于历史问题的清醒认识，对于政府管理体制的及时调整，对于经济发展理论认识的深化，对于苏联、东欧国家经验的深刻理解，这些难道不重要吗？想想看，如果没有政府包括全社会对这些重大问题认识的深化，哪来的对外开放？退一步讲，如果没有这些认识的深化，仅仅打开国门就能带来如此大的变化吗？答案恐怕是否定的。

中国历史上有那么多朝代，它们的对外开放程度其实并不大，如两汉、隋、唐、明、清前期等，但都取得了非常大的成绩。对它们取得的成绩而言，对外开放绝对不是主要的解释因素。从经济理论看，众所周知，对外开放对于小国经济而言具有十分重要的意义，因为若没有对外开放，就难以分享规模经济、分工与专业化经济的好处。但是，对于像中国这样幅员辽阔、人口众多的国家而言，对外开放的作用可能没有日、韩、新加坡等小国那么大。还有，对处于不同经济发展阶段的国家而言，对外开放的重要性和作用也是不同的。比如，对长期闭关锁国的旧中国而言，对外开放的确非常重要；而对已达到世界技术前沿、发展前沿的国家而言，对外开放的作用可能就没有那么大了。对美国来说，过去二十多年，其贸易依存度不超过30%。为什么这么发达的国家，其贸易依存度却很低？第一，美国已处于世界技术和创新前沿，对外开放是有选择性的开放，而不是全面开放。第二，美国的国家规模足够大，对外开放的作用可能并不是很大。第三，对外开放程度太大对于美国自身的发展并不一定有利，对世界的影响却很大。同样的道理，对外开放对于三十多年前的中国而言的确作用很大；而对于现在的中国而言，它的重要性可能已经大大降低。如今，一个公平、贯通的一体化的国内市场的重要性比以往任何时候都重要。如果再看一下各国针对中国逐年上涨的贸易制裁和反倾销案件数量，我们也许就知道中国这个贸易大国对于世界所带来的巨大影响了。在目前这个阶段，如果我们还像过去一样重视对外贸易，非对外开放不谈，恐怕只会招致越来越多国家的抵制、贸易制裁和贸易保护。

如果仅从数据来看，过去三十多年，无论是吸引的FDI、进出口总额、GDP、GNP,还是固定资产投资、人均寿命、国家的外汇储备、财政收入等,中国都保持着高速的增长。分析对外贸易相关变量对经济发展的贡献就会发现,这种影响是正向的、显著的。但是,如果就此认为中国经济过去三十多年之所以成功的根本原因是对外开放政策的实施,却可能是十分错误的、危险的。因为对外开放从短期看是重要的,但其重要性正在随着中国经济的进一步发展而逐步下降。此外,如果过度强调对外开放,也可能会蒙蔽决策层的视线,并误导我们今后恰当合理地应对目前及未来的各种挑战。同样的道理,以上说法也可以用来批驳其他各种单因素假说的解释力和重要性。

其实,中国经济之所以取得过去三十多年的飞速发展,根本原因是中国政府对一系列重大的理论问题有了认识上的飞跃,政府治理逐步走上了良性治理的轨道。比如,中国政府对 1840 年以后落后挨打的历史有了清醒的认识——关起门来搞发展可能行不通;对 1912—1949 年国民党脱离小农经济基础而采取西方那一套政府管理体制并最终丢掉政权有了深切体会;对计划经济时期政治凌驾于经济之上以及最终国民经济走向了破产边缘进行了深刻反思;特别是对苏联、东欧国家由于经济发展落后最终导致国家政权发生剧变的事实进行了深刻反省,如此等等。这些都使得中国政府认识到政府合宜政策对于经济发展的极端重要性。不管什么样的政策和制度,只要是合宜的,适合于经济体的,为企业和大众所欢迎的,就是好的、必要的政策。结果,我们看到 1978 年家庭联产承包责任制的推行,1983 年乡镇企业改革的推行,1986 年城市金融、汇率、对外贸易体制的改革,1994 年财政分权体制的改革,1998 年以后房地产市场的放开,以及 2002 年“西部大开发”、2006 年“新农村建设”、2007 年“科学发展观”等战略的提出。如果要用一句话来总结过去三十多年中国改革开放之所以如此成功的关键,就在于市场化导向的改革 + 政府对改革的大力推动,可以视为政府对于经济、政治、社会问题等的一系列良性治理举措。从更深层次来看这个问题,就是中国政府和人民清楚地认识了中国的历史、文化和传统,很好地尊重了中国适合小农经济的地理和环境条件,并且通过渐进的、试错的方式逐步找到并选择了所谓良性政府治理的道路。舍此,恐怕任何单一因素都难以对过去三十多年改革开放如此成功进行完整和清晰的解释。

中国良性政府治理的历史、文化和环境根源

以上说法恐怕会马上遭到国内外很多经济学家的反对,因为他们可能并不熟悉中国的历史,也不大清楚过去两千年中国历朝历代政府在协调历史、文化和环境问题上所进行的长期探索、积累的好的经验以及经受的那些失败的教训。他们提出的对中国过去三十多年成功经验的总结大多来自西方的经济理论模型或者现成理论。在很大程度上,这些模型或理论都是所谓的短期均衡模型,而且往往不能很好地考虑中国的历史、文化和环境因素并模型化它们在其中发挥的作用,因而往往难以对中国过去三十多年的经济成功进行完整和深入的解读,恐怕也不能很好地提出应对目前面临的挑战的对策并找到中国经济未来二三十年的发展道路以及政府如何良性治理的制度框架。

首先,从中国适宜农业耕作的气候、地理条件谈起。中国从南到北,跨越热带、亚热带、温带、亚寒带、寒带五个气候类型,同时拥有非常好的季节性季风条件。每年冬季,来自西北利亚的季风刮遍中国大地,往往能给北方地区带来降温和降雪。到了每年的春、夏季节,来自太平洋、印度洋的湿热季风便会从西南、东南向北运动,丰富的降雨往往能够覆盖中国50%左右的国土,这恰好给从南到北的植物的生长带来了理想的降雨条件。从地理条件来看,中国西高东低,当夏季季风来临时,随着地势的升高,就必然导致降雨活动的发生。中国两条大河——长江、黄河,自西向东延伸到大海。这两条大河及其支流和相关的流域占据了中国国土45%的面积,从隋唐时期就已经成为中国最具有利条件的农业生产耕作区。在这些有利的气候和地理条件下,中国的农业自西周繁荣起来以后,就成为历朝历代经济体中最主要的生产活动。在如此有利于农业生产的气候和地理条件下,历朝历代的政府很难不重视农业生产。在这个过程中,由于商人相对于农民而言的极大流动性以及唯利是图本质,因此自秦汉以后,中国就形成了“重农抑商”的文化传统。对于农民而言,安稳务农、勤奋耕作是本分,刻苦学习是积极向上的表现。

在这种自然和地理条件下诞生的儒家思想，很难不尊重这些天时地利。“君臣、父子、夫妻、老幼”这种相互尊重、和谐和睦的社会关系自然会受到重视。尽管中国春秋早期有儒家、墨家、道家、法家四大家，但只有儒家的思想很好地契合了当时政府要求安稳、和谐统治的愿望。这样，自西汉董仲舒提出“罢黜百家，独尊儒术”之后，儒家思想便成为政府认可的“国家宗教”。它虽不是类似于基督教、佛教的真正宗教，因为它不是能够统御人们思想和精神的超验力量，但它胜似宗教，因为它能够占据思想者、知识分子、农民和商人的心田，成为国家占主导地位的思想和意识形态，并且它的确有利于农耕社会的稳定、和谐与繁荣。结果，接受此种教育的农家子弟拥有了上升的通道。即使那些富裕的商家子弟，也必须经受儒家思想的“洗礼”，这样他们才能拥有正统的社会地位。对统治者而言，让大家安心务农，重视社会和谐，扶持尊老爱幼、夫妻恩爱、君臣相安的社会秩序，这难道不是最优的社会选择吗？

按照理论，经济发展演进中一定存在着无数种可能。但是，在中国优越的气候和地理条件下，我们发现，经过无数次的自然试验，一种经济、文化和制度均衡最终胜出。让我们顺着历史发展演进的轨迹，看看中国政府良性治理之所以最终产生的原因。

在西周时期，中国主要的统治形式是封建制。国家主要由一个王室统治，然后国王将全国的不同地区分封给不同的王侯去统治。这些王侯各自拥有独立的财政、军事力量，只有在外敌入侵的时候，才有义务响应国王的号召一起来保家卫国，战争结束后各自经营经济和生产事务。后来，这样的统治方式随着不同诸侯国经济实力、军事实力的变化以及一些诸侯国的强大而逐步瓦解。到春秋后期和战国时期，各诸侯国开始相互讨伐，扩张各自版图。最终，秦国因为拥有很好的发展战略，治理经济、军事得当有方而迅速统一全国。自秦以后，中国成为大一统的国家。皇帝通过郡县体制管理全国，国家拥有专业的军队保家卫国，农民专心务农，商人的利益逐步被边缘化。当时，任何人无论贫富、贵贱，只要勤学四书五经，一心向上，都可走上进入官府的通道。两汉时期，儒家思想经过董仲舒的改造，正式成为“国家宗教”，并得到很好的实践。隋朝时期，中国开始正式以科举考试的形式选拔官员，帮助国家统治和管理偌大的疆土。此后，三国、两晋、南北朝时期，中国的气候变冷，北方游牧民族南迁，开始影响中国大地。中国曾经出现过所谓的“坞堡统治”，不同的小国占据一定的有利地势，相互之间常年征战。隋唐以后，气候转暖，中国随即恢复大一统统治，政府治理再次采取“中央集权的政府治理模式”。两宋时期，中国开始有越来越多的游牧民族南迁，原因同样是此时气候开始转冷，游牧民族的生产和生活受到很大影响。人口大批南迁，来到了水草更丰美、人口更密集的江南地区，这样中国的城市化程度提升，商业氛围加重。但是，当时的政府不了解这些，整个统治模式仍然采取“中央集权的政府治理模式”。为了防止将军谋反，宋朝实行兵将分离以及所谓募兵体制，结果因为国家不能组织有力的抵抗，最终为少数民族所灭。由蒙古族所建立的元朝一开始试图推翻汉族建立的“小农经济基础上的中央集权式政府治理”，实行畜牧经济，结果出现内部纷争，国家灭亡。到了明、清时期，中国政府的治理模式再次走向大一统的“中央集权的政府治理模式”。虽然气候变冷的客观条件到后期逐步好转，但是由于西方科学技术、军事技术在15世纪以后突飞猛进地发展，同时随着宗教领域的改革、文艺复兴、科学革命以及此后的工业革命与政治大转型，西方各国全面超越中国，并开始以军事和武力寻求广阔的工业品市场。

清朝灭亡后，中国再次面临分权和立宪政治体制。国民党为之奋斗的三民主义本应该是现代的立宪体制，但接下来长达十多年的军阀混战最终还是导致蒋介石一党专制。在经济治理上，蒋介石政府成立之初，主要依赖西方财团，其主要人才和智力资本也大多来自在美国和日本受过训练的西方正统。因此，蒋介石时期建立的政府主要是大资产阶级、银行家联合专政的政府。占人口70%的农民、占国土面积80%—90%的农村成为被遗忘的角色。蒋介石政府建立的名义上的民主立宪体制实质上在一定程度上成为军国独裁主义的翻版，结果兵败而去。以土地改革、惠顾农民为导向的中国共产党迅速壮大，并在

28 年后成立新中国。

新中国成立之后,也面临着创新政府管理体制的机会。依赖历史上的中央集权治理模式不现实,会被人带上“封建经济”的帽子。学习国外的条件也不成熟,会被认为受美帝国主义的疯狂围剿。最后,只好全面照搬了苏联老大哥的“全面计划经济模式”。到后来,出现了所谓的“三反”“五反”“大跃进”等运动,不顾中国经济基础和比较优势原则,大炼钢铁,试图短期内赶超英美发达国家;在国家体制上,让政治凌驾于经济之上,各种运动占据思想阵地,儒家思想荡然无存,小农经济受到沉重打击。这样,自然灾害的冲击加上人为治理的失误,使中国经济走向了崩溃的边缘。

1978 年开始的改革开放,既是一次思想和政治路线的大修正,更是一种政府治理模式的大调整。小农经济受到尊重,乡镇企业得以出现,“亦农亦工”的小商业得以复活,地理、环境因素再次得到很好的匹配与协调;同时,中国迅速打开国门,迎接外商,技术落后的“后发优势”得以发挥。加入 WTO 之后,“中国制造”的成本优势由于有了世界市场的支持而得到迅速发挥。

再从中国过去长达两千多年的政府治理、经济发展、社会发展之间的互动关系来看,中国两千多年的历史,以小农经济为基础的中央集权式政府治理模式占据了 81% 的时间,而所谓的封建分封体制、列国体制、坞堡体制、军国体制占据了 19% 的时间。从中国所经历的王朝来看,自西周开始一共经历了 83 个王朝,559 位帝王,人口从 2000 万增加到 14 亿,不能不说是一种伟大的成功。为什么?因为历朝历代通过长期的实践,在很大程度上很好地解决了自然、地理、环境与人的关系,很好地处理了它们与社会之间的关系。这种关系用现代的语言可以称为“人口—资源—环境”关系,用一个更具概括意义的词语可以称为“小农经济基础上的中央集权式政府治理”。在这个过程中,政府管理体制在演进,最终中央集权式政府治理体制胜出。诸多学说和思想相互竞争,最后儒家思想胜出。在人与自然的斗争中,中国人胜出,曾经在中古的很长时期内领先于西方,只是在近代落后于西方。

未来二三十年的中国经济能否持续高速增长？

说到未来二三十年的中国经济，经济学家大多会语焉不详，或者根据现有的西方短期经济理论进行简单预测。按照西方的经济学理论，中国还要继续对外开放吗？如果中国经济对外开放程度为100%，还需要对外开放吗？同样，“财政分权说”也不靠谱。在历史上，我们在绝大多数时期采取了中央集权式财政体制，结果中华民族生存繁衍了数千年。改革开放以后，中国只在1994年之后实行了较好的财政分权，结果就成了中国经济成功的秘诀。难道未来二三十年的中国还要一直实行财政分权吗？其实，财政分权或集权只是政府管理经济体制的一种重要的制度形式，到底采用哪一种体制完全取决于国家的实际需要。唐朝后期曾经实行了很好的财政甚至政治分权体制，结果政府的统治由于受到藩镇割据的影响，导致了自755年之后长达一百多年的衰退。同样，中央集权体制是否一定好，也完全取决于国家和经济的实际需要。宋朝时面临着很大的外部挑战，主要是西夏和金从西方和北方入侵的压力。虽然当时的政府的确实行财政集权，对农业收税，让商人开门经商，也对商业收税，但钱却没有用到正当的军事用途上。在军事管理上，宋朝应该实行一定程度的分权，可是宋太祖赵匡胤“陈桥兵变”的发家史使他担心分权会导致政权的丢失，结果太过集权了。这样，打仗、练兵时兵、将相互分离，结果对外军事上连连失利，导致国家覆亡。

我以为，如果根据资源、文化、环境等条件，中国经济完全拥有继续增长二三十年的有利条件。

第一，中国存在旺盛的国内市场需求。中国目前还有49%的人居住在农村，城市化率为51%，这与发达国家以及欠发达国家的水平相比仍然有很大的差距。其实，这个城市化的计算依据是人口在城市居住一年以上，有很大误差。因为很多农民工在城市居住时间超过一年，但他们的家人、户籍、房子都不在城市，如果将这部分人减掉，中国的城市化率还没有这么高。如果现在让那些还未完全融入城市的农民工以及其余的人都拥有城市户籍的话，由此带来的住房、建筑、生活消费数额将无比巨大，将至少能够保证中国经济再飞速增长20—30年。

第二，现在中国大多数城市都没有地铁。如果按照北美人口50万的城市就铺设地铁来计算，中国在未来二三十年内将要为几百个城市铺设地铁，这项投资产生的需求将是非常惊人的。再加上由于地铁修建所需的相关的钢材、道路、公交、车站等配套设置，这将产生非常大的市场需求。

第三，目前中国家庭车辆拥有比率约为4.6%，尽管近年来车辆拥有率快速上涨，但是仍然不会超过7%。这与目前全世界车辆拥有率12%、美国75%、欧洲70%差距很大。如果要达到欧美国家车辆的拥有水平，中国市场将至少需要2—3亿辆汽车，再加上更新换代的需求约为几千万辆，由此带动的汽车零件、钢铁、塑料、电子、橡胶需求也将是非常巨大的。

第四，中国2011年人均GDP只有5444美元，欧盟为34847美元，美国为48441美元。中国只有欧盟的1/6，美国的1/9。如果中国的人均GDP增长到美国2011年的水平，将至少需要二三十年的时间。

未来若干年需要处理好的若干重大问题与关系

上述内容只表明未来二三十年中国经济拥有持续高速增长的可能，但是要成为现实，还需要很好地解决影响中国经济长远发展的以下若干重大问题与关系：

第一，中国目前面临的环境问题如果不说是全面恶化的话，至少在很大程度上比改革开放前恶化了。据《南方周末》报道，中国目前60%—70%的土地受到化肥等各种化学物质的污染，60%—70%的河流受到工业污染。

2010年和2011年，中国面临灭绝威胁的鸟类品种分别为85和86种，受威胁的鱼类品种为97和113种，受威胁的哺乳动物品种为74和75种，受威胁的植物品种为453和374种；而美国面临威胁的鸟类品种为74和76种，受威胁的鱼类品种为117和83种，受威胁的哺乳动物品种为37种，受威胁的植物品种为245和219种。从中可以看出，中国在生物多样性以及环境领域面临的形势比美国更加严峻。另外，如果以每2000美元GDP所产生的CO_2排放量来看，2007和2008年，中国的数据分别为美国数据的5.77和5.55倍。按照遭受旱灾、水灾和极端温度人口所占的比率来看，2009年中国的数据为7.95%，而美国只有0.21%，中国的数据为美国的38倍。2010年，中国森林覆盖率为22%，美国为33%，日本为67%。今后到底怎样面对这些问题，如何更好地解决这些问题，才是我们面临的重大挑战。如果环境资源枯竭了，其结果将是灾难性的。

第二，从中国文化来看，儒家思想向来强调人与人之间关系的尊卑长幼、上下级的级别和社会关系序列以及整个社会的和谐。这种文化是在有利的自然地理条件下产生的小农经济基础上形成的，这在当时具有很大的合宜性和正当性。但是，文化一旦形成，要发生变迁就非常慢，大大慢于经济基础的变化速度。现在我们的经济基础已不是小农经济，农业占国民经济的比重已经处于非常低的水平，经济基础已经完全是工业化、商业化、城市化基础上的高流动性、非人际化社会关系网络。其结果是，儒家倡导的邻里和谐、上下级和谐为个人自利所取代。这样，契约关系、诚信体系、法治建设的重要性就比以往显得更加重要。同时，人际关系、邻里和谐、上下级和谐都趋于弱化，非人际化关系将逐步占据主流。所以，从文化层面看，中国文化怎样实现从纯粹的儒家思想到恰当地融合契约思想、从和谐转变为承认一定的个人利益冲突、从依赖关系到依赖法治与制度建设，又是另外一个大问题。从过去三十多年的发展经验来看，我们发展了经济，但却在一定程度上弱化了文化建设。2011年10月通过的《中共中央关于深化文化体制改革，推动社会主义文化大发展大繁荣若干重大问题的决定》指出了找到适合中国特色社会主义市场经济的文化体制的极端重要性。

第三，从政府治理来看，我们也面临着非常大的挑战。中国历史上的政府治理模式是有利的自然地理与小农经济基础上诞生的中央集权式政府治理模式。这种模式的管理成本最低，对农业经济最为有效，为中国历史上81%的朝代所选择。但是，今天中国面临的小农经济基础已完全不同于以往,中国已经成为制造业大国、出口贸易大国。这种工业化、城市化、国际化时代所需要的政府治理肯定不同于以往,中央集权的政府治理是否可行?是否仍然非常有效?这存在很大的疑问。过去农民不怎么流动,在此基础上所采取的一系列集权的措施都行得通,但是工业化、城市化、国际化时代经济体面临的信息千变万化,如果仍然实行中央集权政府治理,肯定会出现政府治理与现实经济情况的脱节与滞后,从而不能及时地协调经济、社会关系,对外部环境变化作出应对,这样经济体出现风险的可能性就会增大。

第四,过去农业经济时代的社会关系存在着比较稳定的身份序列,社会平等的观念还远未深入人心,家长制、长官意志普遍盛行,这主要是源于社会流动性低、人口迁移少。到了全球化时代,人口迁移将成为常态,信息万变也将成为常态,经济体由于交易关系的扩大,交易双方无论年龄、身份还是性别将变成平等的个体,这样原先的身份序列将被很快打乱,人们对平等、诚信、相互尊重的要求会增加,在经济上对平等机会、平等参与的要求也必将上升,这些都要通过政治制度、政治权利的形式得以确认。这就必然导致将来的政府治理在一定程度上向西方民主治理模式靠拢。是否靠拢?怎么靠拢?这些都是我们将来面临的重大挑战。

用一句话来总结,中国未来二三十年的经济发展是可持续的,但是需要协调好很多重大的关系,这些关系的协调必然依赖于政府治理制度、治理模式的调适和变化。虽然难以看出这种政府治理模式的大致面貌,但是却能看出它一定需要良性政府治理,也就是自然地理环境、社会、经济、文化等之间是否形成良性互动,而不是相互脱节、相互冲突与互相矛盾。这样,中国经济再出现另一个二三十年的高速增长不仅是可能的,而且是必须的。

(发表于《东方早报·上海经济评论》2012 年 12 月 18 日)

学者们该怎样解读过去千年间的兴衰变迁协奏?

前段时间,我曾写过一篇《美国到底强大在哪里?》的短文,目的在于从经济或者人才战略的角度解读二战以来美国之所以走向强大,并能保持这一强大的主要原因。最近,我又相继读到了美国国会拟通过提案,加强海外高科技人才引进、提升美国长期竞争力的相关新闻,于是脑中早已存在的一个重大问题——造就一国长期兴衰的条件到底是什么?——又再次得到了扩展与升华。

这是个十分动态的话题,更是经济、军事、科技、人才甚至文化相互交织的庞大问题,因此以往任何仅仅从单个方面所进行的解读都有失之偏颇之嫌。我仅从经济和人才战略角度对“美国到底强大在哪里”的解读,也必定会具有一定的视角局限性。

例如,有学者曾运用军事第一、经济第二、文化第三的观念来解读历史上拜占庭帝国的兴衰。然而,熟悉历史的人发现:运用经济、军事、文化是一个比单纯运用经济、军事或文化更为可靠也更加具有说服力的视角。但是,经济、军事和文化相互作用的关系也绝非这种观点所说的那么简单。

从表面的时间顺延来看,拜占庭帝国的兴衰似乎印证了军事第一、经济第二、文化第三的说法。公元 600 年,拜占庭帝国比较强大。公元 8 世纪时,它走向衰落,并失去了其在 7 世纪时占有的约 2/3 的国土。不仅如此,所剩余的国土还不断受到阿拉伯人、保加利亚人的侵扰,甚至多次面临亡国灭种的危险。毫无疑问,在此情景下,其艺术、文学和文化等也就风光不再了。到公元 11 世纪时,拜占庭帝国国土逐步恢复,边疆得到了巩固,其影响也拓展到了国土之外,于是经济再次繁荣,国库富足,人民安居乐业,艺术和文化也再次兴起。

然而,真正的历史事实却是,公元 860 年时,拜占庭帝国就已经开始复苏,并逐步摆脱了阿拉伯人的侵略困扰。到公元 872 年时,拜占庭帝国的军事力量与哈里发皇帝统治下的阿拉伯帝国的军事力量相比,已朝着对自己有利的方向发展。它在经济上的复苏比这一军事的复苏来得还要早。公元810—830年,拜占庭帝国就已出现了经济、商业、贸易繁荣景象。此外,拜占庭帝国的文化复兴也比学者们预计的更早。公元788年之前,大量的学者、发明家、思想家和作家等不断涌现。在8世纪的最后10年里,这种文化上的繁荣已经走上发展的顶峰。这表明,经济、军事和文化是一种比从单一视角解读一国兴衰这一动态问题更好的视角,但不如军事第一、经济第二、文化第三那样简单。

也有人指出,从长远看,一国的兴衰取决于它能否在长期内保持经济第一、军事第二、文化第三的优势,毕竟有钱才能强军,才能支撑文化的发展。但是,仅仅从中国的情形看,事实似乎也不是这样简单。比如,两宋时期是中国历史上经济、商业、学术以及发明均较为强盛和密集的时期之一。按理说,两宋的经济和商业繁荣必定会带来强大的军事和文化,但从军事实力看,无论是和先前的汉、唐,还是和后起的元、明、清相比,都差了很多。两宋这种长达三百多年的经济和科技繁荣也没有因此造就一个军事强悍的帝国,最终覆灭。这说明,经济和科技的繁荣的确是一国长期发展的重要基础,但它也并不必然带来一国军事的繁荣。

同样,战国时期,秦国是军事实力相对较强的一方,经济、文化和其他诸侯相比没有明显的优势,但它最终还是依赖军事上的优势统一了六国,并成为中国历史上第一个中央集权制的封建国家。然而,秦王朝这种军事上的优势并没有带来经济和科技的繁荣,反而成了“焚书坑儒”和“苛政猛虎”的代表,并最终酿成成为中国历史上最短命王朝之一的恶果。这个史实告诉人们,强大的军事并不必然能带来强大的经济和文化。

也许有学者会说,文化是比经济和军事更加深远的因素,因此是解释一国兴衰和强大的最重要因素。比如,韦伯等人就指出,新教伦理和资本主义精神是造成西欧在14、15世纪以后兴起的根本原因,而这种精神和文化的缺失也正是中国在13世纪以后,印度、伊斯兰在10世纪以后,从世界翘楚走向经济、政治和文化没落的根本原因。然而,同样奇怪的是，中国、印度、伊斯兰虽然没有这种精神，但却在此前造就了相对于西方长达千年之久的比较优势。西方虽然早就深受这种宗教和文化的洗礼，但为什么直到中世纪乃至 15 世纪以后，特别是宗教改革之后，才爆发出这种流变不息的活力之源呢？

更进一步，如果历史的发展果真如此简单的话，那为什么昔日的荷兰、西班牙都曾出现过短暂的辉煌，但最终却都走向了灰飞烟灭？如果说英格兰是新教伦理和资本主义精神的典型代表，那为什么也会从昔日的“日不落帝国”走向后来的没落和颓废？

经济学家和非经济学家为此曾进行了半个多世纪的努力，曾先后提出“产权说”“制度说”“地理禀赋说”“文化与意识形态论”“技术发明论”“世界体系论”“比较经济增长论”等多种解释和假说，也无数次地运用跨国比较、历史对比、经验对照、数理模型、计量检验、数值模拟等现代与非现代的分析方法，试图让这出历史演进的宏伟“戏剧”能够再次登场、重演。然而，时至今日，仍没有一种解说能够合情合理地解释和再现世界经济史上千年来的兴衰更迭和变迁的全貌，哪怕仅仅是一个国家、一个地区的兴衰变迁。

有的经济学家干脆争辩说，这样的问题也许根本就不是经济学家想研究的问题。如果真是这样，那还不如说，经济学家在这个问题上多少有些无能为力。另有一些经济学家则“乖巧”地辩解说，那是由于经济学家们没有世界经济史上千年来庞大的、可靠的数据库。但是，没有这些数据库，并不是掩饰经济学方法在分析这类问题时所具局限性的一个聪明举动。

毕竟，残酷的现实正在考验着经济学家与非经济学家的智力。因为无论是从哪一个角度来看，无论经济学家还是非经济学家，也许都无法否认这样的事实，即世界经济千年史上的变迁绝非从任何单一的视角和模式就能得到答案，它是一部经济、军事、文化、政治相互交织、相互作用的四重甚至五重“协奏曲”。

谁是其中的指挥？这是最常见的问题。经济学家说是经济，军事学家说是军事，政治学家说是政治，文化人类学家说当然是文化，“公说公有理，婆说婆有理”。然而，换个角度就会发现，经济学家和非经济学家所争论的核心无非在于谁将拥有对于这一问题的权威解释。这就像大家都想当乐队的指挥,而忘记了造就一个乐队辉煌的不仅有指挥,而且还有更多必不可少的角色,大提琴手、小提琴手、贝司手等,以及他们的默契配合。

英国伟大的历史学家、社会学家 Michael Mann 曾说过,考察世界千年史上的变迁,人们也许只能分清楚这样的事实,即军事、经济、政府、意识形态(文化)是其中不可或缺的四个主要的"音符",但其相互关系怎样、内部结构如何,却会随着时间、国度的不同而不同。在欧洲向现代化前进的过程中,可能是文化起到了比较重要的作用,然而同样的逻辑却并不适合于中世纪以前的欧洲以及其他国家。在 14 世纪以前,中国的封建统治造就了高于世界其他地区的军事、经济和文化优势,然而此后却不再奏效。在 8 世纪以前,拜占庭帝国采取的是一种军事第一、经济第二和文化第三的关系结构,但此后却并非如此。在印度、伊斯兰也是一样,在一个历史时期能带来辉煌的政治、经济、军事关系到了另外一个历史时期却变得捉摸不定。

这表明,在世界历史的演进过程中,经济、军事、文化和意识形态等都是其发展进程中必要的"音符"。然而,对于某个国家而言,要想谱写壮丽的"乐章",就必须关注自己国家经济、军事、文化和意识形态之间独特、有效且动态的关联,而不仅仅是模仿别人的第一、第二和第三,因为那样不但无助于自己国家的发展,反而会酿成大错。

在社会科学以往的发展进程中,学者们总是试图发展自己的一套理论,并证明自己的理论具有超越国度、超越时间的普适性,然而这样的努力在千年变迁的宏伟画卷面前却总是显得有些底气不足。

今天的经济学家、历史学家、社会学家、政治学家、文化人类学家,到底是放弃学科的偏见,寻找政治、经济、军事、文化之间独特的关联,还是相互辩解,不断地塑造自己学科的独一无二?

(发表于《经济学家茶座》2008 年总第 36 辑)

中国经济之梦何时圆?

习近平总书记提出的“中国梦”是一个包涵甚广、内涵极其丰富的概念集合,也是一个涵盖经济、政治、文化、社会、生态等诸多不同侧面的哲学体系。从经济的角度看,这个梦必定有着非常丰富的内涵,本文试图从三个方面解析中国经济之梦。

首先,中国经济之梦是否存在,计算标准是什么?从中国经济过去两千多年的历史演进来看,这个梦是存在的,只是对于计算标准存在多种不同的版本。中国作为一个相对完整意义上的经济体,兴起于夏商,确立于西周晚期,是随着小农经济以及建立于其上的封建统治模式的确立而确立的。从秦汉开始,这种以小农经济为主的中央集权统治模式就长期成为历朝历代统治者发展经济的首选治理方式。秦朝时,中国小农经济—中央集权统治模式得到了长足的发展。尽管秦朝短命,但却为后来的两汉奠定了经济和统治基础。黄仁宇将这一时期的辉煌称为“第一帝国时期”。之后也出现了两次非小农经济—非中央集权的经济治理模式,分别是三国、两晋、南北朝时期的“坞堡式治理模式”和五代十国时期的“列国式治理模式”。但是,总的来看,这些不同的治理模式统治中国的时间都相对较短,只占据了从公元前221年至今两千多年中的四百多年的时间。另外,让人奇怪的是,这种以小农经济—中央集权为主的经济治理模式一旦再次兴盛,就越发彰显其魅力和强大的生命力所在。继三国、两晋、南北朝之后兴起的隋、唐两朝统治中国长达326年,无论其经济规模、统治方式还是文化发展都达到了登峰造极的地步。黄仁宇将这一时期的辉煌称为“第二帝国时期”。经过五代十国短暂的所谓“列国式治理模式”之后,中国再次进入长达千年的小农经济—中央集权式治理时期,这一时期被黄仁宇称为“第三帝国时期”。它历经宋、辽、西夏、金、元、明、清,经济总量不断增加,人口数量不断扩张,经济版图也一再扩张,到清代前期达到了其最大规模。

如果仅仅从人均GDP这一衡量经济发展水平的指标来看,中国梦也是存在的。公元1—1000年,中国人均GDP一直保持在450美元左右,并且长期以来超过西欧的水平。到了1050年,中国人均GDP按照1990年的国际货币计算达到480美元,并且仍高于西欧400美元的水平。1250年,中国人均GDP上升到600美元的水平,比当时西欧593美元的水平仍稍高一些。到1400年,西欧人均GDP开始超过中国,达到676美元,而此时以及以后的中国经济却一直保持这一水平直至清代的1820年。如果将1400年以前定义为中国经济最为繁荣的时期,并且仅仅以人均GDP作为经济发展的衡量指标的话,那么计算中国梦应该以人均GDP再次超过当今的西欧或者美国作为标准。

如果不是以人均GDP而是以GDP总量作为衡量经济发展水平的指标,那么中国圆梦的时间可能要短很多。按照荷兰经济史学家麦迪森的估计,从GDP总量来看,1820年的中国是世界上名副其实的"超级大国",其GDP占据全世界32.9%的比重,达到了2286亿1990年国际元,比当时的西欧高出了29%。在此之前,中国GDP总量一直高于西欧。公元1000年,中国GDP比西欧高出60%;1300年,高出73%;公元1400年,高出54%;1500年,高出39.8%。但是,到了1820年之后,中国的GDP开始落后于西欧,一直到今天。1913年,西欧的GDP比中国高出273%;1950年,高出481%;2001年,高出65%。

从目前国内学者和媒体对中国梦的解读来看,大多数人倾向于使用后者作为中国梦的计算标准。我以为,习近平总书记所说的"中国梦"的含义可能更加丰富,绝不是只有"总量梦"而没有"人均梦",也绝不是只有"短期梦"而没有"长期梦"。

其次,中国经济之梦何时能圆?由上面的分析可知,至少有两个答案可供选择:

其一,从人均GDP的角度来看,距离我们圆梦的时间可能要长很多,因此我们可以将中国经济之梦称为"长期梦"或者"人均梦"。

按照世界银行的数据,2011年,中国人均GDP为5444.78美元,分别相当于美国人均GDP的8.83分之一、OECD国家的7.79分之一、欧元区的7.21分之一。如果按照人均GDP每年增长5%的速度计算,中国要赶上美国2011年的人均GDP水平需要37.38年,要赶上OECD国家2011年的水平需要35.23年,要赶上欧元区2011年的水平需要33.9年。如果中国人均GDP增长率再增加一倍为10%的话,那么赶上这些国家的时间分别是15年、13年和13.3年。当然,这里的推算并没有考虑这些国家人均GDP本身的增长问题。如果算上它们的自然增长率,假定为2%的话,中国人均GDP要赶上这些国家所需要的时间将会更长。假定仍然按照中国人均GDP增长率分别为5%和10%两种情形来测算,那么在考虑这些国家本身的增长率之后,我们要赶上这些国家的时间分别为75年、66年和68年与29年、26年和26年。很显然,我们要圆这一“长期梦”或者“人均梦”,需要的时间将更长。

其二,从GDP总量的角度来看,世界银行的数据显示,2011年,中国GDP总量分别是美国的2.015分之一、OECD的6.29分之一、欧元区的1.79分之一,看来我们与世界主要经济体的差距并不是很大。但是,如果从单个国家的角度来看,中国已经是世界第二大经济体,GDP总量仅次于美国。如果按照中国GDP每年7.5%的增速,而美国GDP每年2.5%的增速来推算的话,中国要赶上世界第一大经济体的时间将为16—17年。如果中国经济每年保持8%的增速,美国经济保持2%的增速的话,中国要赶上美国将需要12.5年的时间。如果中国经济每年增速为8%,美国经济每年增速为2.5%的话,中国要赶上美国将需要13.7年。

最后,中国经济之梦怎样圆?通过以上人均GDP与GDP总量的两相比较之后,我们马上就会发现,单单从经济的角度看,中国人要想圆习总书记所说的“中国梦”,将至少要弄清“中国梦”的内涵与外延,并且还需要针对不同时期的梦制订非常周密的实施计划,才能保证这个中国梦的实现。

第一,从国家层面来看,要根据习总书记的号召,制订非常周密的所谓“长期梦”“中期梦”和“短期梦”的实施计划,针对长期、中期和短期的情形,进行精密的测算,考察长期、中期和短期的制约因素及实施的可行性,并建立对策加以实施。

第二,从政府层面看,各地要结合中央提出的"中国梦",诠释各地的"中国梦",以扎扎实实的改革之风、实实在在的改革之举,推进各地的转型发展与创新驱动,寻找各地的新增长点,谋划各地经济发展、人民生活水平快速提升,缩小城乡收入差距,缓和社会不稳定的务实之策。

第三,从个人的角度看,要加强十八大精神的学习,结合个人和单位的实际情况,设计自己的人生之梦,将个人的梦想与单位的实践、地方的发展、国家的发展结合起来,以个人人生之梦成就国家之梦,以国家之梦引导个人之梦,从而实现中华民族的伟大复兴。

(发表于《上海盟讯》2013 年 5 月 7 日)

后　记

餐馆中、地铁内、马路上……我们穿梭于大街小巷，置身于林林总总的大千世界，时间的车轮轰隆隆地滚动着，从未停歇。我们生活的这个世界瞬息万变，今天还在关注的问题，可能明天已经被新的话题覆盖。我们终日忙忙碌碌，加班加点地做今天的事情的时候，可能明天的任务又下达了。然而，在匆忙的生活中、匆匆的脚步下，我们不该忘记停下来去思考、去阅读、去写作，不该停止对身边发生的大大小小的事情的思考和探索。笛卡尔说，我思故我在。我正是以一个普通人的身份体验生活，又以一个经济学者的视角观察生活，同时也以一个中国公民的角色谏言政府。点点滴滴的感想与思考汇成本书，以期与大家共同分享和探讨。虽然不一定每个人都是经济学家，但至少本书可以引发读者更加积极地、更加“经济学”地去思考、去体验经济学经世致用的魅力。

很多人认为经济学不可思议，难以理解，可是它的基本原理却十分简单而实用。本书不介绍经济学理论上的条条框框，而是让读者直接体会到经济学是一门经世济用的学问。留心周遭，湖南土菜馆、电影票房、国人防盗、移民，经济学的触角无处不在；关注国内，创新与维旧、教学与科研、城镇化、居民消费，转型进程中的一个个难题需要一步步破解；放眼世界，美国、欧盟，帝国主义发展进程中的新现象、新事物，如此等等，都能给予生活中的你、我关于这些国家的许多重要启示。作为一名经济学者，我不仅带来如上这些经世济用的“菜肴”，而且还带来一场经济思想的“盛宴”，从需求到供给，到市场均衡，从公共产品、公共服务到社会稳定、气候变化、政府治理。作为一名中国经济学者，我更是不忘将自己成熟的思考变成政策建议，以此上书政府，阐述自己对国家大事的见解，内容从咸水淡化、交通拥堵税改革，到自由贸易区,再到良性政府治理、中国经济梦。经济学正在生动地“编织”着和改造着我们生活的方方面面。正如吴晓波在《激荡三十年》中所说:“当这个时代到来的时候,锐不可当。万物肆意生长,尘埃与曙光升腾,江河汇聚成川,无名山丘崛起为峰,天地一时,无比开阔。”生活在这个时代,我们是幸运的,沉思之际,满腔热血化作了笔下一个个冷静的文字,鞭辟入里。细细品读,字里行间已经不是单纯的叙述与谈论,而是在慢慢地倾诉我对生活的思考和对祖国的热爱。

对于本书的出版,有不少人提供了帮助和支持,在此表示诚挚的感谢。《东方早报 · 上海经济评论》的郑景欣编辑最早约我撰写“经济思想的盛宴”专栏,不断给我施加压力,不仅与我讨论专栏的话题,还与我讨论这些经济学家的思想,没有他的督促恐怕就没有本书的第六章内容。《经济学家茶座》的詹小洪编辑与我保持了好多年的电子邮件联系,他经常约我为“茶座”撰写相关的文章,还开辟其中的“学者风采”“卷首语”等给我发挥想象和思索的空间,没有他的帮助,就没有本书中的多篇文章。此外,我也担任上海市民盟特约信息员,还担任上海市松江区政协委员、上海市民盟盟史研究会副主任。在做这些兼职工作期间,上海市民主同盟郑惠强主委、沈志刚副主委、方荣副主委、于生海主任、王海波主任、吴鸣放主任、吴馨萍、左娟娟等同志,对我帮助很大。他们经常将中央政府、上海市政府关心的重大问题发到我的邮箱,还经常组织针对相关专题的调研与研讨活动。在参加调研、讨论和发言中,我受益匪浅。有时候,我撰写的参政议政意见或者建议,往往要经过他们的多次修改,之后才提交给相关政府部门。多亏了他们的帮助,我的很多建议要么被提交给全国政协、上海市政协,要么被提交给国家各个部委与上海市各级政府部门,很多政府部门还给予了答复。另外,还要感谢国家留学基金,没有它 2007—2008 年给予的慷慨资助,我就不能放下世俗的行装,在另外一个国度信马由缰地展开自由的思考与写作,就不能“肆意”地比较美国与中国的制度、文化和经济发展异同,也不能与芝加哥大学那自由奔放、活泼而严肃的学术环境为友,当然也不可能有今天对很多问题分析和思考的深入。我这几年的暑假几乎都在国外度过。多谢斯洛文尼亚共和国卢布尔雅那大学经济学院 Matevz Raskovic 博士、Denejela 女士的盛情邀请,每年我都在那里为来自全球的暑期学校的学生开设中国经济与制度的专门课程,与来自欧盟的多位教师共同教授。与学生展开讨论,为他们打分,与他们一同考察国外公司,在备课、教学、考察、提问的每一环节,我都学习良多。因为授课对象的国际化,给了我再次思考如何恰当拿捏和把握中国经济问题的宝贵机会。另外,还有土耳其 Dokuz Eylul 大学 Berna 博士、韩国仁川大学 Changgeng Lee 院长,感谢他们的邀请,我分别为那里的本科生与研究生讲授了中国经济的专题课程,与学生们展开了激烈的讨论,这些讨论、备课与互动也给了我再一次思考中国经济、社会问题的机会。

在撰写本书的过程中,我的几届研究生都提供过帮助,他们将这些话题按照内容进行分类,然后作为读者,对每一篇文章进行筛选,对每一句话中的错别字进行一一校对,甚至还就有关问题与我展开讨论。他们分别是张平、胡玉梅、白嘉怡、王维等。

对于本书中的错误,一概由我自己负责。对于本书中的任何问题,读者都可以与我联系、讨论。

赵红军

hjzhao2002@163. com

2016 年 1 月于上海